說話訓練班

說對話的影響力

徐振遠 —————— 編著

說話輕重，可以決定你的份量！

「說話」完全可以透過後天的修煉達到你自己都想像不到的高度

當然，你得找到竅門！

成長階梯：70

說話訓練班：說對話的影響力

編著：徐振遠
出版者：大拓文化事業有限公司
責任編輯：林秀如
美術編輯：姚恩涵

總經銷：永續圖書有限公司
劃撥帳號：18669219
地址：22103 新北市汐止區大同路三段一九十四號九樓之一
TEL （〇二）八六四七—三六六三
FAX （〇二）八六四七—三六六〇
E-mail yungjiuh@ms45.hinet.net
網址 www.foreverbooks.com.tw

CVS代理：美璟文化有限公司
TEL （〇二）二七二三—九九六八
FAX （〇二）二七二三—九六六八

法律顧問：方圓法律事務所 凃成樞律師

出版日◇二〇一七年二月

國家圖書館出版品預行編目資料

說話訓練班：說對話的影響力 / 徐振遠編著.
-- 初版. -- 新北市 : 大拓文化, 民106.02
面 ; 公分. -- (成長階梯 ; 70)
ISBN 978-986-411-047-6(平裝)
1. 說話藝術 2. 口才 3. 溝通技巧
192.32 105024510

前言

別人無理取鬧且步步相逼，縱使你有一千個正當的理由可以反擊他，但若拙於言詞而說不出口，於事何補？

一個人辦事能力的高低、為人處世，以及由此留給周圍人的印象，大多是透過說話表現出來的。因此，掌握一套「能言善辯」的本領，說話自然能成為一種利器。

而會說話的人話不在多，便能一語中的；聲不在高，便能讓所有人洗耳恭聽。

會說話的人可能手無縛雞之力，但憑三寸不爛之舌能化解天大的矛盾於無形之中。

每個人天天在說話，有的人說起話來口若懸河，似乎很能說，但這不代表你會說話。會說話的人具有強大的親和力，能迅速與人打成一片，並於三言兩語之間完成自己想辦的事。

用對了字眼不僅能打動人心，更能表現出行動力，而執行行動力的結果，便有可能展現出另一種人生。在第二次世界大戰期間，英國正處於風雨飄搖之際，英國首相邱吉爾那一席話激起了英國全民抵抗納粹的決心，結果他們以無比的勇氣挺過了最艱苦的時刻，打破了希特勒部隊所向無敵的神話。

人類的歷史就是由那些具有威力的話所寫成的，然而卻鮮有人知道那些偉人所擁有的語言力量，也是你我身上所具備的特質。這個特質能改變我們的情緒、振奮意志，乃至於有膽量敢於面對一切的挑戰，使人生過得豐富多彩。

「說話」是一門上天入地的大學問，足以立身，足以成事。但也不必走向另一個極端，把說話能力看得高不可攀，實際上，說話完全可以透過後天的修煉達到你自己都想像不到的高度。當然，你得找到竅門！

前言

1 說話是門大學問

有些人不把說話當一回事，儘管他知道自己在說話方面缺陷很多。原因就是他看不到這些缺陷會對自己的事業、生活中的各方面會帶來的多麼巨大危害，但其實長久下來，在跟人交往時，註定要吃大虧。

話不在多，而在精／014

讓聲音更具有魅力／017

善用肢體語言／020

說話的速度要適中／023

「說」永遠比「做」簡單／026

說法不同，結果不同／028

目錄

contents

說話訓練班——說對話的影響力

用微笑化解問題／032
尊重而且利用對方的意見／036
站在對方的立場看問題／040
適時裝傻，化解對方心防／046
無意間說出來的話最受用／052
能言善辯不是強詞奪理／056
先給對方台階下／059
使用「幽默感」要看對象／063
說話從「學習傾聽」開始／066
用傾聽熄滅怒火／073

2 交際場合的場面話

為公為私，任誰都難免會在一些交際場合露面，這樣一來，「場面話」就是圓融的技巧，目的就是要讓對方高興，起碼不能掃人家的興，他滿意了，你的目的也就達到了。

套交情的話一定要會說／080

隨便說話害處多／084

不要亂發問／088

先明白自己要表達的意念／092

說話替人留情面／095

避免冷場的說話技巧／100

「話題」能快速拉近雙方距離／104

目錄

contents

說話訓練班——說對話的影響力

禮讓是說話的第一要務／107
讓喜歡說話的人痛快的說／111
利用「模糊」語言技巧／115
拒絕的技巧／122

3 說話懂圓滑，事情更圓滿

我們平時說話時應多留心別人心裡犯忌的話題，否則你只顧自己說得痛快，一味逞口舌之快，一句犯忌諱的話，讓你所有的努力都泡了湯。說話不懂得圓滑，又怎能期望事情的結果圓滿呢？

客氣話太多也會惹人嫌／126
寧在人前罵人，不在人後說人／128
別讓抱怨毀了你／131

打人不打臉，罵人不揭短／135
改變惹人厭的說話習慣／138
用謊話替自己留後路／142
用謊言讓事情更圓滿／145
實話實說，有時反而製造麻煩／151
「謊言真說」的保護罩功能／156
謊話真說，態度誠懇／160
工作中的開場白／165
裝聾作啞，迴避攻擊／171
別隨意說話開空頭支票／178
跟上司說話別挑戰權威／181

目錄

contents

說話訓練班——說對話的影響力

4 有效的讚揚與批評

稱讚與批評是我們說話的兩個極端不同的方式，想當然也會產生兩種極端的效果；被稱讚者飄飄欲仙，忘乎所以；而被批評者則是垂頭喪氣。實際上這二者都背離了稱讚與批評的初衷：鼓勵更好的行為及希望改正原有的錯誤。惟有運用說話的藝術，才能在兩者不同的說話方式中，找到最佳的表達方式。

善用讚美改變人際關係／192
讚美也可以有創意／194
要讚美而不要誤解／196
恭維也可以暗藏批評／199
暗示批評的效果更好／202
用讚美的言語當批評／207

批評的基本原則／211
要給被批評者解釋的機會／216
用甜言蜜語收買人心／219

1

說話是門大學問

有些人不把說話當一回事，儘管他知道自己在說話方面缺陷很多。原因就是他看不到這些缺陷會對自己的事業、生活中的各方面會帶來的多麼巨大危害，但其實長久下來，在跟人交往時，註定要吃大虧。

話不在多，而在精

我們天天都在說話，但並不見得我們就是會說話的。說了一輩子的話，我們說話是不是每一句都能讓人心服口服?與人辯論是不是自己能夠完全獲得勝利？

有的人說起話來娓娓動聽，讓人渾身舒服，忍不住會同意他的說法；有的人說起話來像是一把利刃，令人感覺不自在;有的人說起話來，一開口就讓人感到厭惡。不同的人說話所獲得的效果，就像「面貌」給人的感覺。

「三寸不爛之舌」這種稱讚詞，是對於會說話的人的稱讚。可是，我們平常說話卻很難句句如此。如此看來，就可知道想要把話說得好，的確不是一件容易的事情。人的一生不外乎言語和動作，我們不能終身不說話，一切的人情世故，一大半是在說話當中進行的。話說得好，小則可以讓人歡樂，大則可以辦成大事；而話說得不好，小則招怨，大則喪命。

我們雖然手裡並不執著大權，不必擔心因為說話的輕重或對錯，去揹負著「成功」或是「失敗」的責任，可是，我們總不能不顧到「快樂」或是「招怨」這兩個與自身利害攸關的大問題。

很多人都以為說話容易，不像寫文章那麼難。因為，不管大人或是小孩，不管文明人或是野蠻人，時時刻刻都要說話，所以說話是不覺得困難。至於寫文章那就不然，不是張三李四都能夠做的。其實，說話未必比寫文章容易：寫文章是寫了可以修改，而一句話說了出來如果要加以修改，那是比較困難的。寫文章寫了幾句，可以擱筆構思，多想幾分鐘、幾小時甚至幾天都不要緊，然而跟人說話就不能如此。

話說孔子帶著他的幾名學生出外講學，一路上十分辛苦。這一天，孔子一行人來到一個村莊，他們在一片樹蔭下休息，正準備吃點乾糧、喝點水，不料孔子的馬掙脫了韁繩，跑到莊稼地裡去吃了人家的麥苗。一個農夫上前抓住馬，將馬扣押了下來。

子貢是孔子最得意的學生之一，他憑著不凡的口才，自告奮勇地上前企圖說服那個農夫，爭取和解。可是，他說話文縐縐，滿口之乎者也、天上地下，將大道理講了一遍又一遍，儘管費盡口舌，可是農夫就是聽不進去。

有一位才跟隨孔子不久的新學生，論學識、才幹遠不如子貢優秀，當他看到子貢與農夫僵持不下的情景時，便對孔子說：「老師，請讓我去試試看。」於是他走到農夫面前，笑著對農夫說：「你並不是在遙遠的東海種田，我們也不是在遙遠的西海耕地，我們彼此靠得很近，相隔不遠，我的馬偶然吃了你的莊稼，不是很難避免嗎？往後說不定哪天你的牛也會吃掉我的莊稼呢！你說是不是？我們該彼此諒解才是。」

農夫聽了這番話，覺得很有道理，也就沒有責怪的意思，便將馬還給孔子。旁邊幾個農夫也互相議論說：「像他這樣說話才算有口才，哪像剛才那個人，說話不中聽，我們又聽不懂。」

歸根究柢一句話：「話在精而不在多。」說出一句算一句，那才叫會說話。滿嘴胡言，詞不達意，恐怕說得再多，也無濟於事，反而讓人生厭。

讓聲音更具有魅力

「聲音」不只是「說話」的結果，更是說話是否成功的手段之一。「聲音」是一個人的個性特徵之一。在電話中，我們往往能從對方的第一句話就能判斷出他的身分。同樣的，「聲音」對語言有著強大的輔助作用。

一般人的發音至少有十二至二十個音階。當然，那些職業演員和歌唱家要更高一些，有的人甚至可達到三十六個音階。但不幸的是，有些人的聲音卻可能只有五個音階，他們發出來的聲音讓人聽起來就像只有一根弦在撥動，十分單調。

你發出的聲音是否能吸引對方，這對你的人際交往是否成功具有非常關鍵的影響，在商務交往中更是如此。

當你與他人講話時，你所發出的每一個聲音應首先給他人留下良好的印象，力求讓人更能了解你，更加充分地展示自己的說服力。

蘇珊是一家廣告公司的資深業務經理，她最關心和留意客戶的銷售問題，並總是樂於幫助他人解決難題，但她的聲音卻讓人聽來很討厭，那尖叫及嘶嘶的聲音就像一個小女孩發出的叫聲。

她的老闆曾私下說，「我很想提升她的職位，但她的聲音尖銳又孩子氣，讓人感到她說的話缺乏認真的態度。我不得不找一個聲音聽來成熟果斷的人來擔任此職。」

很顯然的，蘇珊是因為自己說話的音調不合適而失去了提升的機會。

事實上，一個人的聲音不是一成不變的，透過一些技巧訓練，可以克服你平時的一些怪癖和不良習慣，進而改善你說話時的語調、發音、音量、節奏、速度等。

以下是一些你可以採取的方法：

一、為了更加準確地知道自己的發音，你可以將答錄機放在電話旁邊，聽聽自己每天打電話時的聲音。

二、請家人或朋友對你的聲音做出一個真實的評述。

三、將你在停頓或靜默時反覆使用的語氣詞記下來，在今後的談話中儘量避免使用。

四、進行發音訓練。你可以在圖書館找到一些有關的書籍，針對自己的特點進行訓練。或者找一些錄影帶進行模仿訓練。

五、進修一門公共言談或演講的課程。

讓我們變得更加成功的許多優異的特質不是與生俱來，而是需要透過自身改變的。聲音就是一種說話的魔術技巧，試著改變一下，也許你會看到一個意想不到的結果。

善用肢體語言

我們的身體語言，如聳肩、揮手、跺腳等，對語言談話都有著極大的影響。

自從孩提時代起，我們在學會說話的同時，就開始懂得如何去「讀」懂他人的意思。例如，當我們做錯了某一事情而看到父母滿臉怒色，我們會趕緊避而遠之。而成年以後，我們需要的是人類的相互協助，透過一些錯綜複雜的詞語和手勢，我們就能明白他人所示之意。

為了說服、勸說他人，或是為了與人交流，僅僅靠我們所用的語言還遠遠不夠。我們還必須借助於自己的臉部表情、手勢、肢體動作，以增強我們的口頭表達效果。有時，我們會將這些外在行為與語言結合使用。在我們說話時，可能會伴隨著點頭、皺眉、聳肩或豎起大拇指。

我們碰到困境時會迫使自己保持冷靜，我們有時會表現出自己的激情與幽默。當我們極度緊張、害怕，或充滿愛慕之情時，我們有時想盡力掩蓋自己的感情，但事實上，我們無法控制的身體語言卻將我們的內心狀況表露無遺。

研究顯示，不可低估和忽視視覺的影響。

調查顯示：無論是兩個私下談話的人，還是一個在大庭廣眾之下的演講者，有五〇％以上的資訊是透過說話者的個人形象傳遞出來的，只有四〇％是經由性格和聲色等傳遞。

他們調查的一個很有意思的結果是，與聲音有關的因素比語言本身要更為重要，只有不足一〇％是受「說話語言」本身的影響。

還有些研究的結果更為驚人：在兩個人的對話中，表達意思的方式中，語言與非語言的比率為三五：六五。

就像「臉部表情」可以向他人告知你的喜怒哀樂一樣，如果你試圖以一種單調乏味的聲音說出自己要表達的內容，並且毫無臉部表情，那聽者一定會感到厭煩，而且你所傳遞的資訊可能不會讓他人真正理解。

專家們做過一次實驗，當我們以一種與實際資訊相反的非語言方式發出資訊時，非語言表達的效果是語言效果的五倍。

如果以敵意的方式傳達友好的資訊，那讓對方留有印象和保持記憶的不會是你所說的內容，而是你的表情。因此，當我們要表達出一種十分準確的資訊，而又擔心會以一種不當的方式令人產生誤解時，一定要對自己表現出來的表情和神態格外注意。當我們皺眉、做怪表情、微笑、目光呆滯、聳肩、揮手、跺腳時，都會對他人傳遞一種相關的資訊。

說話的速度要適中

在交談過程中，要留意自己說話是不是太快了？如果說話快而發音不清楚，就會讓人左耳進右耳出。說話的目的在於表達自己，使對方明瞭你的意念，可是若對方聽不清、聽不懂，就是浪費時間。

我們要訓練自己講話的聲音要清楚、快慢要適宜。每說一句，對方就可聽懂一句，不必重複再問。陌生人或地位比你低的人是不敢一再地請你「再說一遍」的。

一家大報社的廣告部經理打電話給一位語言培訓專家，請他為自己部門的一位員工保留一份工作，並對這位專家抱怨道：「她已四十多歲了，擔任我的祕書長達十五年之久，我很喜歡她的工作表現，可是她說話的速度快到令我緊張不安。幾年前我不會像現在如此在意，可是隨著工作壓力與負擔的加重，她的聲音對我的刺激也愈來愈大。我並不想辭退她，但要是她不放慢說話的速度，我只好讓她離開，以保持自己神智清醒。」

事實上，說話的快慢速度確實可以透過練習來調適，聲音的調適具有雙重因素，如果你說話的速度太快，下列幾點可以使你減慢，反之亦然：

㈠從一數到十，第一次五秒鐘說完，第二次十秒，第三次二十秒。

㈡經常練習高聲朗誦報紙上的文章，先用鉛筆將你認為要連貫的字詞做個記號，朗讀時，同時移動鉛筆，引導聲音。要是你覺得自己平常說話的速度太慢，就加快一些；要是太快，就放慢些。

㈢錄音後反覆播放，檢查自己的速度，是否流暢？是否跳躍停頓？

㈣錄下一些好的新聞報導，試著模仿播音員的播音。

即使是同一語言，不同地域的人說話的速度也不一樣，某種速度對南部人十分恰當，但到了北部，就顯得太快了。

有一位推銷員，他發現自己經常無法把要說的話在限定的時間內說完。他也許開了一百公里的路程趕到一位顧客家中，卻只有十五分鐘介紹自己的產品。他發現自己最大的困難之一是「如何組織自己應該說出的話」。後來，他請教一位語言專家，專家聽了他的情況之後，建議他從「學會調整自己的說話速度」開始。在他開始練習調整聲速之前，一般人只需要十分鐘便可輕易討論完的問題，他卻要花十五分鐘。

透過說話的速度訓練，他可以在十分鐘內完成有效的討論，別人要花費二十分鐘解釋的問題，他可以隨意的加快或減慢速度。

一旦你控制住了自己的語言速度，它就會乖乖地聽你駕馭了。你可以放慢自己的速度，以滿足聽眾的需要；你可以根據一天的工作安排、聽眾的類別、當時的氣氛等因素來調整自己說話的聲音、說話的速度，以應付不同情景的需要。

「說」永遠比「做」簡單

「食言而肥」就是一種不負責任的行為，正如英文所說的："Easier said than done"，說一句話只有三、四秒，要想實踐就非得花費一番功夫不可。

話說得好與壞，關係到一件事的成敗。在你處於不利局面的時候，更是「成也說話，敗也說話」的重要關鍵。在國外，說話的重要性也早已被人們所廣泛認識。在古希臘、古羅馬時代，演說雄辯之風就非常盛行。美國人將「舌頭」、「原子彈」和「金錢」並稱為生存和競爭的三大戰略武器，可見說話非同小可。

既然說話於治國安邦都尚且如此重要，那對人際交往的重要性就更不容小覷了。

說話對人的重要性主要展現在以下幾個方面：

首先，語言作為「資訊的力量」是無窮的。在社交場合，語言是最簡便、快捷、廉價的傳遞資訊的手段。一個說話得體、有禮貌的人總是受歡迎的。相反的，一個說話張狂無禮者，總是受人鄙視的。

其次，隨著現代資訊社會的發展，要求「說話的重點」也越來越高。快速發展的社會尤其講究速度和效率，於是要求人們彼此的說話應充分節約時間，簡明扼要，能一分鐘內講完的話，就不要拖到兩分鐘才完成。同時高效率的要求也迫使說話者說的內容要有條有理，這也是社交活動所必須具備的認知。

資訊社會的要求，說話者還應學會「人與機器的對話」，以適應高科技帶來的各行各業的高自動化的要求。這些人工智慧的發展，迫切要求人們不僅能說標準的語言，更要求人們應講究如何說話。

「說明白的話，不說似是而非的話。」

「說準確的話，不說含糊不清的話。」

不重視說話的井底之蛙已難以適應時代的需要，這迫使人們認真說話，透過說話來創造效益、架設橋梁、增進友誼、創造理想的明天。「講究說話」可說是人人所需也是人人必須，如果不重視說話，就必然在人際關係中處處碰壁。

說法不同，結果不同

同樣一句話，表達的目的與意思相同，但是表達的方式不同，其結果便是相異的。每個人都有自己的思維方式和說話習慣，時間久了，其中必然摻雜不少可能導致不佳結果的說話方式和內容，但語言惰性形成以後雖然很難改變，不過一旦改變，換一種不同以往的說話方式，可能新的結果會給你一個驚喜。

有一個週末，許多年輕人佇立街頭。他們之中有不少人是等待和情人約會的，在這條街上有兩個擦鞋童，正高聲叫喊著以招徠顧客。

其中一個說：「請坐，讓我為您擦擦皮鞋吧，鞋子一定會又光又亮。」

而另一個說：「約會前，請先擦一下皮鞋吧！」

結果前一個擦鞋童攤前的顧客寥寥無幾，而後一個擦鞋童的說詞卻收到了意想不到的效果，一個接一個年輕人都紛紛排隊讓他擦鞋。

一樣的擦鞋工作，為什麼有截然不同的結果呢？這究竟是什麼原因呢？

第一個擦鞋童的話，儘管禮貌、熱情，並且附帶著工作品質上的保證，但這與此刻年輕人們的心理差距甚遠，因為在黃昏時刻破費錢財去「買」個「又光又亮」，顯然沒有必要。人們從這兒聽到「花錢擦鞋」是「為擦鞋而擦鞋」的目的。

但第二個擦鞋童的話就與此刻年輕人的心理狀態非常吻合，「月上柳梢頭，人約黃昏後」，在這充滿溫情的時刻，誰不願意以乾乾淨淨、大大方方的形象出現在自己心愛的人面前？一句「約會前，請先擦一下皮鞋」真是說到了年輕人的心坎裡了。可見，這位聰明的擦鞋童，正是傳送著「為約會而擦鞋」的溫情愛意。

就是這一句「為約會而擦鞋」的重點傾銷，一下子抓住了顧客的心，才有源源不絕的顧客。

從以上分析中，我們也該從中受到啟發：研究心理、察顏觀色、得到準確的資訊才能找到最適當的說話切入點。

例如，在知識及經驗豐富的談判對手面前，就不能自作聰明、虛張聲勢，尤其不能不懂裝懂地想要更顯露你的經歷，否則，就可能弄巧成拙。

在剛愎自用、好大喜功的對手面前，不宜過多解釋，卻可以採用激將法。

但在沉默寡言、疑神疑鬼的對手面前，越殷勤，越妥協，往往越會引起更多的疑問和戒備。因此，關鍵在於想方法來引發對方講話，以便摸清虛實，對症下藥。態度也不妨強硬一點，用自己的自信去感染、同化對方，打消對方的疑慮。

有家皮革材料公司，專為皮革製造廠家提供皮革材料。

有一次，一位客戶登門拜訪。幾句寒暄之後，公司負責人發現這位客戶實力雄厚，對皮革的需求量很大。在交談中又發現這位客戶比較自負、性急。於是，皮革材料公司透過客戶觀看樣品的機會，適當而得體地誇獎他的經驗與眼力，在最後的價格談判中，先開出每公尺二十元，但接著加了一句：「您是行家，我們開的價是目前生意場的行情，但毛利有多少您是知道的。最後的定價您說了算，我們絕無二話。」

果然，客戶在這種信任的讚譽聲中，痛痛快快定了每公尺十五元的價格（但公司的進價是每公尺十二元）。

顯然，皮革公司「以退為進」的戰術成功了。而成功的關鍵還在於準確地把握住了對方的性格及心理，使用了正確的說話方法。

在虛張聲勢之前，如不要忘記先誇獎對方，如此一來，才可以卸下對方的心防。

用微笑化解問題

兩個陌生人見面時，第一個產生共識的方法是「微笑」，也是「微笑」讓人產生「似曾相識」的熟悉感。

一般而言，人們臉上的微笑，也是一種肢體語言的傳達，是對人表示：「我喜歡你，我非常高興見到你！」

微笑是從內心發出的，那種不帶誠意的微笑，是機械的、敷衍的，也就是人們所說的那種「皮笑肉不笑」的笑容，那是無法欺騙人的。

一位人事部主任談到他雇人的標準時，他解釋道，他寧可雇用一個有可愛的微笑、只有專科畢業的女孩子，也不願意雇用一個冷若冰霜的學士。

如果你希望別人用一副高興、歡愉的神情來對待你，那麼你自己必須先要用這樣的態度去對別人。

斯坦哈德在紐約證券交易所上班，他給人的感覺是嚴肅、不易親近，因為不管在任何時候，實在很難得見到他臉上出現一絲笑容。

斯坦哈德結婚已有十八年了，這麼多年來，從他起床到出門上班這段時間內，他很難得會對自己的太太露出一個微笑，兩人在這段時間也很少說上幾句話。所以他的家庭生活當然也一直都很沉悶的，但他希望能改變兩人間的這種狀況。

有一天早晨，當他整理儀容的時候，從鏡子裡看到自己那張繃得緊緊的臉孔，他就告訴：「比爾，你今天必須要把你那張凝結得像石膏像的臉鬆開來，你要展出一副笑容來，就從今天早上開始。」

斯坦哈德坐下吃早餐的時候，他臉上有了一副輕鬆的笑意，他主動跟太太打招呼：

「親愛的，早啊！」

可想而知，斯坦哈德太太的反應是驚嚇的，她完全愣住了，她不敢相信眼前的這個堆滿笑容的人是自己結婚十多年的男人，他和藹可親的行為，是出乎她意想不到的事情。斯坦哈德告訴她，以後自己都會這樣表現。從那以後，他們家庭的生活變得溫馨充滿愛。

現在斯坦哈德去辦公室，會對電梯員微笑地說：「你早！」去櫃檯換錢時，面對裡面的櫃員，他臉上也是帶著笑容。他在交易所裡時，對那些素昧平生從沒有見過面的人，他的臉上也帶著一縷笑容。不久斯坦哈德就發現每一個人見到他時，都對他投之一笑。對那些來跟他訴苦的人，他以關心、和悅的態度聽他們訴苦。而無形中他們所認為苦惱的事，變得容易解決了。

「微笑」除了帶給斯坦哈德好人緣之外，還多了很多無形的財富。

斯坦哈德和另外一個經紀人合用一間辦公室。他雇用了一個職員，是個可愛的年輕人，那年輕人漸漸地對他有了好感。斯坦哈德對自己所得到的成就感到得意而自傲，所以他對那年輕人提到「人際關係學」。

那年輕人這樣告訴斯坦哈德，他初來這間辦公室時，認為斯坦哈德是一個脾氣極壞的人。而最近這段時間來，他的看法已徹底地改變了。他誇斯坦哈德微笑的時候很有人情味！

現在，斯坦哈德是一個跟過去完全不同的人了，是一個更快樂、更充實的人，因擁有友誼及快樂而更加充實。

如果你覺得自己笑不出來時那怎麼辦?不妨試一試，「強迫自己微笑」。

如果你單獨一人的時候，吹吹口哨、唱唱歌，儘量讓自己高興起來，就好像你真的很快樂一樣，那就能使你快樂。

一位教授曾說過：「行動好像是跟著感覺走的，可是事實上，行動和感受是並行的。所以當你需要快樂時，就要強迫自己快樂起來。」

人是很容易被感動的，而感動一個人靠的未必都是慷慨的施捨和巨大的投入，往往只要一個熱情的問候、溫馨的微笑，也足以在人的心靈中灑下一片陽光。

如果你想要改變自己說話的方式，請先從改變那副板著的面孔下手，先從露出一個微笑開始。

尊重而且利用對方的意見

「你的意見呢？」是你能進入對方內心想法的鑰匙，尊重對方的想法、尊重對方的意見，你們彼此之間的熟悉度就會更進一步了。

任何一個人都不喜歡被強迫著去做事或者接受他人的意見。人們都喜歡按自己的想法去買東西，或是按照自己的意思去做事情。同時，喜歡有人來徵求我們的意見、願望和想法，因為那代表「你尊重我的意見」。

韋森先生在還沒研究「人際關係學」之前，他平白損失了許多應獲得而未獲得的傭金報酬。

韋森是一家服裝圖樣設計公司的推銷員，他幾乎每兩星期都去找紐約某位著名的設計家，這樣風雨無阻的行為已經有三年的時間了。然而，每次這位設計家也不拒絕見韋森，而且還總是把韋森帶去的圖案仔細看一遍，但就是從沒有下單購買。

經過了幾十次的碰釘子後，韋森覺悟了，他自覺過去這段時間的努力全會白費，必然是自己過於墨守成規所造成的。所以他決定好好研究、檢討、反省自己的「人際關係法則」，以幫助自己獲得一些新的想法，產生不同的火花。之後他決定用另一種方法和設計家溝通。

韋森拿了幾張尚未完成的圖樣，走進那位買主的辦公室。

這一次，他並沒有要像往常那樣請求買主購買自己設計的這些圖案，而是請對方先提出他自己看了設計稿之後的意見。

買主把草圖留了下來，要韋森三天後再去找他。

三天後，韋森又去找買主，在聽了對方的建議後，把圖樣拿回去，按照那位買主的意思修改。

你知道之後這筆交易結果如何？不用說，這位買主當然是完全接受韋森修改之後的圖稿。那是九個月以前的事，自從那筆生意完成後，這位買主又訂了十張圖樣，也都完全是照著他的意思畫的，韋森就這樣賺了一千六百多元的佣金。

韋森過去失敗的原因：總是強迫買主買他認為對方需要的圖樣。可是現在韋森所做的，跟過去完全不一樣了。韋森請買主提供他自己的意見，使買主覺得那些圖樣是自己設計的。現在韋森不用要求他買，他自己也會來跟韋森買。

長島有一位汽車商，用了同樣的方法，把一輛舊汽車賣給了一對蘇格蘭夫婦。過去這位汽車商把汽車一輛又一輛地介紹給那對蘇格蘭夫婦看，但他們總是認為有問題，不是嫌這輛不合適，就是嫌那輛某個零件有了損壞，再不然就是認為價錢太高。

車商的同事因此建議他，別強迫那種意志不定的人買車，要讓他自己主動來買，也不必告訴他買哪一種牌子的汽車比較好，總之，要讓他覺得這是他自己的意願所做的決定。

幾天後，有一位顧客想把他舊汽車換一輛新的，汽車商就想到了那對蘇格蘭夫婦，

「也許他們會喜歡這款舊式的汽車。」於是他打了個電話給那個蘇格蘭先生，說自己有個問題想請教他。

汽車商請蘇格蘭先生幫忙評估一下這輛二手車的價格。

那位蘇格蘭先生聽到車商的這些話後，滿面笑容，像是「終於有人來請教我，有人看得起我了。」的表情。

蘇格蘭先生開著這部車子兜了一圈，回來後他建議商人可以用三百元買進這輛車子。於是汽車商問他願不願意以三百元的價格購買這輛車。他當然願意，因為這就是他的意思、他的估價。所以這筆生意立刻就成交了。

人與人之間的理解，一向是人際溝通當中最重要的一環，也是最容易被忽略的關鍵。每個人都有自己既定的立場，也因此而習慣於執著在本身的領域當中，卻忘了別人也和自己一樣，有著他固執的一面。

「懂得尊重他人」，就能創造雙贏的人際關係，讓你減少樹立敵人。

站在對方的立場看問題

「將心比心」永遠是說客的最佳助手，惟有站在對方的立場思考，你所說的話才能有說服力。

有些時候，我們很難用二分法的「對」與「錯」來衡量一件事情。看問題的角度不一樣，結果也就不一樣。

當一個人面對嚴重的難題時，如果他能夠從他人的角度來看待事情，原本疑惑不解的問題可能就變得豁然開朗，說話的方式自然也會有所改變。

生活中有時會發生這樣的事：有時即使真的錯了，也不一定要承認。在這種情況下，責備是沒有用的，甚至會引起相反的作用。你應該試著「瞭解對方」，這才是最聰明的做法。對方為何會有這樣的行為，其中一定自有他的道理。探尋出其中隱藏的原因來，你便瞭解這個人，瞭解了他的個性，這才是解答的鑰匙。

紐約州漢普斯特市的山姆．道格拉斯，過去經常抱怨太太把太多的時間都用在修剪草坪上了，他太太一週至少去草坪拔草、施肥和剪草兩次。

而道格拉斯卻認為草坪和四年前剛搬來時一樣，情況並未因為道格拉斯人太頻繁的整理而變好。

當他興沖沖地把這個觀察結果告訴道格拉斯太太時，自然就破壞了他們夫妻之間的感情。

後來道格拉斯意識到了自己的愚蠢論調。他試著從太太的角度考慮、理解太太的行為：「她確實喜歡草坪園藝，那是因為她可以從中找到生活的休閒樂趣。」

於是，道格拉斯決心改變自己的言行。

一天晚飯後，太太又去修理草坪，道格拉斯也跟了出去，幫助太太一起除草、施肥，他們一邊整理草坪，一邊愉快地交談，道格拉斯太太非常高興丈夫的行為改變。

從此他經常幫助太太整修草坪，並稱讚她的手藝精巧，草坪比以前更漂亮了。結果當然是夫妻間的感情日益加深。

甘乃迪．古迪的《怎樣讓人們變成黃金》一書中有這樣一段發人深省的話：

「停下來，用數秒的時間比較一下，你是如何關心自己的事情和關心他人的事情，就會理解到，別人也和你一樣。而一旦你掌握了這個訣竅，你就會像羅斯福和林肯一樣，擁有了做任何事的堅實基礎。總之，和別人相處的關係怎樣，完全取決於你在多大程度上替對方著想。」

古拉得．力伊帕也和古迪有相同的觀點。他在《進入別人的內心世界》一書中，也有類似的一段話：

「把別人的感覺和觀念與自己的感覺和觀念置於相同的位置，並把它表現出來，這樣談話的氣氛就會融洽起來。當你在聽別人談話時，要根據對方的意思來準備自己將要說的話，那樣一來，由於你已理解和認同了他的觀點，他也就會理解和認同你的觀點。」

多年來，羅克常到離家不遠的公園中散步和騎馬，並以此作為生活消遣活動。羅克非常喜歡橡樹，所以每當看到公園裡一些樹被人為刻意用火燒毀破壞時，他就十分痛心。

這些大大小小的零星火苗幾乎都是由到公園中烤肉的孩子們造成的。有時火勢很大，還必須出動消防隊才能撲滅。

公園的角落裡有一塊牌子，警告人們不要在公園烤肉，違者罰款。但由於牌子矗立在角落，所以幾乎很少有人看見它。

雖然公園裡有警察騎馬巡邏，但這些公務人員對他們自己分內的巡邏工作卻不太認真，以致火災仍然時常發生。有一次，羅克又看到公園失火，就急忙跑去告訴警察通知消防隊，可是沒想到那位警察卻說那不是他的事，甚至不理會羅克的警告。

羅克非常失望，於是後來他再到公園裡散步的時候，就自行擔負起了保護公園的義務。當羅克看見樹下生起火時就非常生氣，他會急忙上前警告那些正在烤肉的孩子們，用威嚴的辭句命令他們把火撲滅。如果他們不聽，就會恐嚇要把他們交給警察處理。

羅克按照自己的想法去做，只是在發洩自己的情感，全然沒有考慮孩子們的感覺。結果那些孩子懷著反感的情緒暫時遵從了。但當羅克走了之後，他們又生起了火堆，並恨不得把整個公園燒盡。

阻止火苗在公園裡出現的效果不彰，後來羅克逐漸懂得與人相處的道理，知道了怎樣使用技巧，更懂得從別人的角度來看待問題。

於是他不再發布命令，也不再恐嚇那些孩子，而是對孩子們說：

「孩子們，玩得高興嗎？你們在做什麼晚餐？我小時候，也很喜歡生火，直到現在我仍然很喜歡，但你們知道在公園裡生火是很危險的嗎？我知道你們幾個會很小心烤肉的，但別的孩子就不一定了。他們來了也會學著你們生火，回家的時候卻又不把火撲滅，這樣一來，就會燒掉公園裡的所有樹木。

而且在這裡生火，還有可能被警察抓起來。我不干涉你們的興致，我很願意看到你們開開心心的，但我想請你們在離開時，用土把火埋起來，並把火堆旁邊的乾枯樹葉撥開，好嗎？

下次你們來公園玩時，可不可以到山丘的那一邊，在那沙坑裡生火，那麼就不會有任何危險了。多謝了，孩子們，祝你們玩得愉快。」

這樣的說法，產生的效果可好多了！孩子們聽了之後都非常聽話，而且很願意接受和合作。他們沒有被強制服從命令，而是自行決定行為。羅克為他們保全了面子，雙方的感覺都很好，因為羅克在處理這件事時，完全是從他們的角度出發而考慮的。

哈佛商學院特哈姆說：「在與人談話前，我情願用兩個小時的時間在他的辦公室前的人行道上散步，也不願在還沒有清晰的想法、不知該如何說，並且不瞭解對方、沒有充分準備答案的情況下，直接去他的辦公室。」

如果你永遠都能按照對方的觀點去想，從他人的立場出發，這就足夠成為你一生中一個新的里程碑。

認識別人，被別人認識，認識自己，用一顆真誠的心將三者統一。把自己當成對方的關鍵的在於：「認識自己」，只要你能把握這個原則，也許不需要華麗的語言，你所說的話便會充滿力量。

適時裝傻，化解對方心防

事事精明的人，擁有對理性的敏銳判斷力及理解力，但是面對一個皺著眉的人，縱使你全盤掌握所有的來龍去脈，你的「裝傻」還是可以幫助他解釋現況、釋放情緒。

許多事情要想達到目的，就不能只是直來直往，適當地製造一點假象，才能讓人際間的交往能夠順利地進行。

曾經有三位日本人代表日本航空公司與美國的一家飛機製造商談判。日方是買方，而美國公司為了抓住這次機會，挑選了最精明幹練的高級職員組成談判小組。

談判開始時，雙方並沒有像一般常規談判那樣互相交換問題，而是美方開始了自我產品的宣傳攻勢。

美方在會議室內張貼了許多圖表，還印製了許多宣傳資料和圖片。他們用了兩個半小時、三台幻燈機，放映好萊塢式的公司介紹。他們這樣做的目的，一方面是要加強自己的談判實力，另外則是想對三位日本代表作一次精采絕倫的產品簡報。

在整個放映過程中，日方代表們只是靜靜地坐著，全神貫注地觀看美方的介紹。放映結束後，美方一位高級主管還很得意地站了起來，當燈光一打開時，他的臉上掛著情不自禁的得意的笑容，笑容裡充滿了期望和必勝的信念。他轉身對三位顯得有些遲鈍和麻木的日方代表說：「請問，你們的看法如何？」

不料一位日方代表卻禮貌地微笑著說：「我們還是不懂。」

這句話大大傷害了美方主管此時的心情，他的笑容隨即消失，一股莫名之火似乎正往上衝，他又問：「你說你們還是不懂，這是什麼意思？你們哪一點還不懂？」

另一位日方代表還是有禮貌地微笑著回答：「我們全部沒弄懂。」

美國的高級主管又壓了壓火氣，再問對方：「從什麼時候開始你們不懂？」

第三位日方代表嚴肅認真地回答：「從關掉電燈，開始幻燈簡報的時候起，我們就不懂了。」

這時，美國公司的主管感到了嚴重的挫敗感。他灰心喪氣地斜靠著牆邊，鬆開他價值昂貴的領帶，顯得心灰意冷、無可奈何。

他對日方代表說：「那麼……那麼……你們希望我們做些什麼呢？」

三位日方代表異口同聲地回答：「你能夠重新簡報一次嗎？」

美國公司精心設計安排的幻燈簡報，滿以為日商會因為自己這樣的完整簡報安排讚歎不已，進而勾起他們花大錢購買商品的胃口。可是正當美國公司為他們的談判技巧和實力沾沾自喜的時候，日方代表的「愚笨」和「無知」使他們突如其來地感到沮喪，而且日方代表還要求重新放映幻燈片的簡報過程，這種拖延時間的辦法，又使他們的沮喪情緒不斷的膨脹。

等到日方代表完全都清楚了簡報內容，到雙方可以坐下來談判時，美方代表那種高昂、興奮的情緒已被澆熄，只想速戰速決，儘早從不愉快的挫敗感中解脫。

可想而知，這個談判的結果自然是對日方有利的，三個日方高級職員正是憑著他們看似真誠的謊言為公司節省了一大筆金錢。

在生意場上，假戲真做能夠讓你巧妙地戰勝對手；同樣地，在日常的交際過程中，給謊言加點真實的「佐料」，也能夠迅速地拉近彼此的距離，讓你們之間的交往變得更加親切。

有一天，阿亮和大偉兩人約好一道去拜訪一位教授，那位教授為人嚴肅，平時不苟言笑。三個人坐下來半天，除了開頭說了幾句應酬話，剩下的就只有是種讓人尷尬的沉默氣氛。

忽然，阿亮看到教授家有一個水族缸，其中有許多條色彩斑斕、游起來讓人眼花繚亂的魚，他知道這個魚種是「神仙魚」，自己也養了幾條，還很得意地跟大偉介紹過呢！

大偉見阿亮目不轉睛地看，心裡正納悶，「阿亮又不是沒見過，怎麼這樣盯著教授的魚缸猛瞧？」

教授見阿亮神情專注，就笑著問：「還可以吧？才買的，見過嗎？」

大偉才剛想開口應答，阿亮卻搶先說：「還真沒見過呢！這叫什麼名字？色彩真是豐富絢麗，真是漂亮！」

大偉不解地看看阿亮，心想：「他葫蘆裡賣的是什麼藥，為什麼要裝糊塗，不是上星期還跟我介紹過嗎？」

教授一聽阿亮的詢問，興致大發，大談他自己多年來的養魚經驗，阿亮聽得頻頻點頭。那位教授像是遇到了知音般，又說又笑如數家珍地為阿亮介紹每條魚的來歷、名稱、特徵，又拉著他到書房看他收集的各類名貴的七彩神仙魚的圖鑑，頓時現場的氣氛顯得熱絡了起來。

原本阿亮和大偉只打算坐坐就走，不料教授一再挽留他們，直到晚飯後才放他們走，臨走時不但硬塞幾尾小魚給阿亮，還親自將他們送到樓下。

就是這麼一句：「還真沒見過呢！這叫什麼名字？色彩真是豐富絢麗，真是漂亮！」的話，勾起了教授的興致，開啟了雙方的話題，讓他興致大開。

開啟了話匣子，使教授的態度前後判若兩人，本來幾乎陷入僵局的關係也順利地進行下去了，這都歸功於阿亮「假戲真做」的本事，如果阿亮就「神仙魚」這個話題實話實說，那場面可能就會繼續尷尬下去，教授也不會有如此高的熱情。

「知道的事裝做不知道」與「道德規範」無關，卻能夠讓一切事情的進展變得更加順利。

無意間說出來的話最受用

刻意營造出來的話也許令人起疑，但是無意間表達出來的場面話，更令人動容。一句場面話能讓聽者逐顏笑開不是一件容易的事，這需要把握兩個要點：一是說之前要觀察準確，確保做到「投其所好」；二是這經過精心準備的場面話要以「不經意」的方式「隨口」說出來，這樣一來，對方不會產生被刻意討好的不快。

美國著名的柯達（kodak）公司創始人喬治•伊斯曼，捐出鉅款在羅徹斯特建造一座音樂堂、一座紀念館和一座戲院。為承接這批建築物內的座椅的生意，許多製造商展開了激烈的競爭。但是，找伊斯曼談生意的商人無不乘興而來、敗興而歸，一無所獲。正是在這樣的情況下，「優美座位公司」的經理亞當森，前來會見伊斯曼，希望能夠得到這筆價值九萬美元的生意。

伊斯曼的祕書在引見亞當森前，就對亞當森說：「我知道您急於想得到這批訂貨，但我現在可以告訴您，如果您占用了伊斯曼先生五分鐘以上的時間，您就完了。他是一個很嚴厲的大忙人，所以您進去後要快快地講。」亞當森微笑著點頭說好。

亞當森被引進伊斯曼的辦公室後，看見伊斯曼正埋頭於桌上的一堆文件，於是靜靜地站在那裡仔細地打量起這間辦公室來。

過一會兒，伊斯曼抬起頭來，發現了亞當森，便問道：「有什麼事？」祕書把亞當森作了簡單的介紹後，便退了出去。

這時，亞當森沒有談生意，而是說：「伊斯曼先生，在我們等您的時候，我仔細地觀察了您這間辦公室。我本人長期從事室內的木工裝修，但從來沒見過裝修得這麼精緻的辦公室。」

伊斯曼回答說：「哎呀！您提醒了我差不多忘記了的事情。這間辦公室是我親自設計的，當初建好的時候，我喜歡極了。但是後來一忙，一連幾個星期我都沒有機會仔細欣賞一下這個房間。」

亞當森走到牆邊，用手在木板上一摸，說：「我想這是英國橡木，是不是？義大利的橡木質地不是這樣的。」

「是的，」伊斯曼高興得站起身來回答說：「那是從英國進口的橡木，是我的一位專門研究橡木的朋友專程去英國為我訂的貨。」

伊斯曼心情極好，便帶著亞當森仔細地參觀起辦公室來了。他把辦公室內所有的裝飾一件件地向亞當森作了介紹，從木質談到比例，又從比例談到顏色，從手藝談到價格，然後又詳細介紹了他設計的過程。

亞當森在伊斯曼這整個的介紹過程中都是微笑著聆聽，表現出很有興致的樣子。亞當森看到伊斯曼談興正濃，便好奇地詢問起他的經歷。伊斯曼便對他講述了自己苦難的青少年時代的生活，母子倆如何在貧困中掙扎的情景，自己發明柯達相機的經過，以及自己打算為社會所做的鉅額捐贈……。

聽到這些過往的經驗後，亞當森由衷地讚揚伊斯曼的功德心。

本來祕書警告過亞當森，談話不要超過五分鐘。結果，亞當森和伊斯曼談了一個小時、又一個小時，一直談到中午。

最後伊斯曼對亞當森說：「上次我在日本買了幾張椅子，我打算自己把它們重新上漆。您有興趣看看我油漆後的結果嗎？中午有空到我家裡和我一起吃午飯，再看看我的手藝。」

午飯以後，伊斯曼便動手把椅子一一漆好，並為此深感自豪。

直到亞當森告別的時候，兩人都未談及生意。最後，亞當森不但得到了大批的訂單，而且和伊斯曼結下了終生的友誼。

為什麼伊斯曼把這筆大生意給了亞當森，而沒給別人？如果他一進辦公室就談生意，十之八九會被趕出來。

亞當森成功的訣竅，就在於他瞭解「談判的重點」。他從「伊斯曼的辦公室」著手，以幾句場面話巧妙地讚揚了伊斯曼眼下不為人知的成就，使伊斯曼的自尊心得到了極大的滿足，把他視為知己，這筆生意當然就非亞當森莫屬了。

能言善辯不是強詞奪理

別為自己無意中犯的錯辯解，沒有人願意接受那強詞奪理的說明，不說還好，說了反而會有反效果。

我們說某某人會說話、口才好，是指一個人說話有說服力，能夠抓住問題的關鍵恰當地表達出來。相反的，有些人說話滔滔不絕，但是言之無物或強詞奪理，那只能用胡說八道而不是能言善辯來形容。

歷史上和現實中許多能說會道的名人，在辯論失利時仍死守自己的城堡，因而慘敗的情形不乏其例。

一九七六年十月六日，在美國福特總統和卡特共同參加為總統選舉所舉辦的第一次辯論上，福特對《紐約日報》記者馬克斯．佛朗肯關於波蘭問題的質問，作了「波蘭並未受蘇聯控制」的回答，並說「蘇聯強權控制東歐的事實並不存在」的發言。這個發言屬明顯的失誤，當時遭到記者立即反駁。

但反駁之初，佛朗肯的語氣還比較委婉，意圖給福特加以修改的機會。他說：「問這一件事我覺得不好意思，但是您的意思難道在肯定蘇聯沒有把東歐化為其附庸國？也就是說，蘇聯沒有憑軍事力量壓制東歐各國！」

福特如果當時明智，就應該承認自己失言並偃旗息鼓，然而他覺得身為一國總統，面對著全國的電視觀眾認輸，絕非善策，於是繼續堅持自己的言論，一錯再錯，結果為那次即將到手的選舉付出了沉重的代價。

刊登這次電視辯論會的所有專欄、社論都紛紛對福特的失策做了報導，他們驚問：「他是真正的傻瓜呢？還是像隻驢子一樣的頑固不化？」

卡特也乘機把這個問題再三提出質問，鬧得天翻地覆。

高明的論辯家在被對方擊中要害時絕不強詞奪理，他們或點頭微笑，或輕輕鼓掌。如此一來，觀眾或聽眾弄不清他葫蘆裡藏的是什麼藥。

從某方面理解，認為這是他們服從真理的良好風範；有人從另一方面理解，又以為這是他們不屑辯解的豁達胸懷。而究竟他們認輸與否尚是個未知之謎。這樣的辯論家即使要說也能說得很巧，他們會跟對方笑道：「你講得好極了！」

能言善辯的人讓人敬服，強詞奪理的人只會遭人鄙視。日常生活中我們一定要謹記：「能說」不是多說，更不是強說。如果說「說話」能改變結果，那麼「能言善辯」和「強詞奪理」正是會導致兩種相反結果的手段。

先給對方台階下

一哭二鬧三上吊只會壞了彼此的關係，何必在傷口上再撒鹽呢？短短幾句話可以解決的事就不要再鑽牛角尖了。

感情中產生三角戀情糾葛的電視劇常見於戲劇中，我們常看到的戲碼是妻子發現第三者的跡象後，對情敵惡語相向，結果十有八九是把只是逢場作戲或一時衝動惹上情債的丈夫推向了第三者那一邊。也難怪，即使妻子能冷靜處理，在情場上想把情敵擊退談何容易，而這就需要掌握一些特定的說話技巧了。

何莉是一家大報社的記者，事業心比較強，經常要出差外地採訪，回到家裡又忙著家務和工作，和丈夫的關係便不再像從前那麼親密。

有一天，何莉沒出差，難得一家人都在一起度週末，兒子忽然問：「媽媽，怎麼只要妳在家裡，林姊姊就不會來家裡玩了？」

「林姊姊是誰？」何莉問丈夫。

「是我們部門新來的大學實習生。」丈夫不好意思地解釋。

何莉沒有再追問了，只是哄著兒子說：「下次我們請林姊姊來玩，好嗎？」

何莉想想自己對丈夫如此信賴，可是竟得到丈夫背地裡搞曖昧情愫的對待，思前想後，心裡很難受。很想和丈夫大吵一頓，或者離婚算了。過了一會兒，何莉情緒冷靜多了，她意識到自己經常在外地出差工作，對兒子和丈夫照顧不夠，何況自己並不能確定丈夫和林姓女子的關係，如果不分青紅皂白和丈夫吵鬧，倒顯得自己疑神疑鬼。

晚上，她把孩子哄睡之後，倚偎著丈夫靠在床上，溫柔地說：「我經常外出採訪，讓你一個人在家帶孩子，實在太難為你了。我不在時，你肯定很寂寞，就像我孤零零一個人睡在旅館裡一樣。現在我靠在你身上才覺得好踏實，沒有你的支持，我的工作也做不好。」

丈夫不吭一聲，憐愛地撫摸著何莉。

何莉輕問：「我們週末一起請林小姐來吃晚飯好嗎？我要謝謝她對你噓寒問暖。」

丈夫面有難色。

「你還不放心我嗎？我不會讓你為難的，更不會為難她。」

週末，何莉親自下廚。林姓女子來了後，何莉更是熱情招待客人。

當晚她臨走時，何莉特地讓丈夫看顧孩子，自己獨自一人把林小姐送下樓，拉著她的手說：「怪我自己是工作狂，缺乏對先生的照顧，謝謝妳常來玩，也幫著照顧我先生。看妳這樣溫柔可愛，不知道哪個年輕人會有福氣娶到妳。好了，不送妳啦，有空歡迎常來玩。」

一席話讓女子既是感激又是慚愧。

後來，女子交了男友，而他們與何莉夫婦都成了好朋友。

兩個有情人經過熱戀的過程而組成了家庭，表示兩人的關係有了實質性的變化，但這並非意味著兩個人的愛情進入了保險箱，「愛情」仍然需要彼此細心照顧。

如今異性之間的交往越來越頻繁，「婚外情」便容易成為夫妻雙方失和的導火線。作為一位妻子，該如何看待這些「婚外情」呢？

首先，要信任丈夫，這也是對自己有信心的表現。「夫妻之間相互信任」是維繫感情的基礎，相反的，「猜疑」只會增加彼此的隔閡。如果不分青紅皂白，妻子一味地猜疑、指責丈夫，反而容易把丈夫推向別人的懷抱。

但是，也不能過於對丈夫和異性的交往粗心大意，要學會幫助丈夫把握好與異性交往的尺度。有時夫妻雙方兩地分居或經常分離也容易讓第三者有可乘之機。何莉面對丈夫和林姓女子的曖昧關係，沒有失去理智、大吵大鬧，而是給雙方都留下了面子，好有個台階下。

面對丈夫，何莉以情動人，首先向丈夫道歉：自己工作太忙，沒有盡到妻子和母親的責任。同時也表白：自己出差在外也很辛苦、寂寞，很思念家裡的溫暖。

面對林姓女子的一番話，則是別有用心，既熱情有禮貌，同時也暗示對方「先生是有婦之夫」，讓對方把握好交往的尺度，建議對方向自己丈夫以外的男人發展，別和「有婦之夫」糾纏不清。

使用「幽默感」要看對象

「幽默」是說話時大家都喜歡的「語言調味料」，但如果放多了，或是放的地方不適當，恐怕也會物極必反。

在溝通中，要想善於使用幽默的技巧，就需要具有一定的幽默智慧。對於一個才疏學淺、舉止輕浮、孤陋寡聞的人來說，是很難生出幽默感來的。

具體來說，產生幽默的條件至少應具備以下幾個方面：

㈠廣博的知識和深刻的社會經驗

㈡敏銳的洞察力和想像力

㈢高尚優雅的風度和鎮定自信、樂觀輕鬆的情緒

㈣良好的文化素養和語言表達能力。

但是人們都知道，任何調味料都不可濫用，就好比用鹽，用的合適可以使菜餚鮮美；用的太多，便會難以下嚥；用的太少，則會食之無味。

我們在使用幽默技巧時也切忌濫用，用多了照樣會傷害別人，其效果便會適得其反。

蕭伯納少年時已很懂幽默，再加上人又聰明，所以說話總是尖酸刻薄，和他交往過的人都有「體無完膚」的挫折感。

有一次，他的一位朋友在散步時對他說：「你現在常常語出幽默，不錯，非常可喜。但是大家總覺得，如果你不在場，他們會更快樂，因為他們都比不上你，有你在，大家便都不敢開口了。自然，你的才幹確實比他們略勝一籌，但這麼一來，朋友將逐漸離開你，這對你又有什麼益處呢？」

朋友的這番話，使蕭伯納如夢初醒，從此他立下誓言，改掉濫用幽默的習慣，而把這些天才發揮在文學上，終於建立了在文壇上的地位。

使用幽默一方面要看準對象，另一方面還要抓住時機。發揮幽默也需要「素材」，比如場合、情境等，這些就像我們所說的「機遇」一樣，可遇而不可求，關鍵在於我們能否隨機應變。

千萬不要為幽默而幽默，那會顯得生硬、不合時宜、不倫不類，不但不能成為我們溝通的重要方式，反而還可能增加我們溝通的不快。

說話從「學習傾聽」開始

真正有效的「聆聽」，不僅僅是耳朵的簡單使用，而是和嘴巴、腦袋有效的相互配合。

許多人一直認為當別人說話時，「閉起嘴巴」才是禮貌的表現。「聆聽」的要旨是對某人所說的話「表示有興趣」。

如果發言者談論的內容確實無聊且講話速度又慢，我們可以轉變自己的想法，所謂「三人行必有我師」，設想聆聽這場談話或多或少都可使自己獲益，那麼在聆聽別人談話時就會自然流露出敬意，這也才是有禮的表現。

某位職業經理人被一家大公司聘用擔任銷售經理。但是，他對公司具體的推銷品牌和推銷業務卻是一竅不通。當推銷人員到他那裡去彙報工作並徵求建議時，他什麼答覆都無法提供——因為他自己一無所知！

不過這個人是一個懂得如何傾聽的高手。當手下的推銷員問他什麼問題，他都會回答：「你自己認為你應該怎麼做呢？」那些人自然就會說出他們的想法和解決方案，他接著就點頭表示同意，然後他們就滿意地離開了。他們都認為他是一個優秀的銷售經理。

具備優勢的時候需要沉默。「天地有大美而不言」：太陽不語，自是一種光輝；高山不語，自是一種巍峨；藍天不語，自是一種高遠……，人也一樣。取得成績的時候需要沉默。面對成績和掌聲，成功者報以深深的一鞠躬。這是無聲的語言，是恰到好處的沉默。遭受挫折的時候需要沉默。在失敗和厄運面前，拭去眼淚，咬緊牙關。默默地記取教訓，然後再投入新的戰鬥，不失為上策。

等待時機需要沉默。上帝總是把機會給有充分準備的人。怨天尤人無濟於事，不斷充實和完善自己才是可靠的。承擔痛苦的時候需要沉默。如果朋友沉浸在不能自拔的悲傷之中，此刻，無論你說什麼，他都聽不進去，那就默默地陪他度過這一段時光，默默地為他做一些事情。

溝通心靈的時候需要沉默。不是打斷他的話，而是傾聽。從傾聽中吸取智慧，彌補漏洞，建立信任，產生滿足。「沉默是金」，有些人以為就是不開口少說話，其實這並不是要你成天板著臉，冷冰冰地讓人難以琢磨，而是適時適度地運用沉默的力量。

但過長時間的沉默會給人造成極大的心理壓力。我們常常可以在影片中看到監獄中有一個叫做禁閉室的房間，用來懲罰不聽話的犯人。房間不僅非常狹窄，而且最重要的是，那裡既見不到陽光又沒有人和你說話，你就這麼靜靜的待著，一待就是兩個星期或者更長。實際上，正常的人即使是在裡面關上一天都感覺度日如年。因為人性是排斥黑暗和沉默的，沉默讓人感到沒有依靠，有的時候真的可以讓人為之瘋狂，所以人常常會沉不住氣。

正因如此，許多心理戰的高手才會經常利用「沉默」這張牌來打擊對手，利用它來達到目的。

有一個經營印刷業的老闆，在經營了多年之後，萌生了退休的念頭。他原來從美國購進了一批印刷機器，經過幾年使用後，扣除折舊後應該還有二百五十萬美元的價值。他在心中打定主意，在出售這批機器的時候，一定不能以低於這二百五十萬的價格出售。

有一個買主在談判的時候，針對這台機器各種問題滔滔不絕的講了很多缺點和不足，這讓印刷業的老闆十分惱火。但是他在自己剛要發作的時候，突然想起自己二百五十萬元的底價，於是又冷靜了下來，一言不發，看著那個人繼續滔滔不絕地批評。

結果到了最後，那人再沒有說話的氣力了，他突然蹦出一句：「嘿，老兄，我看你這個機器我最多能夠給你三百五十萬元了，再多的話，我們可真的就不要了。」

於是，這個老闆很幸運的，比原先他心裡盤算的價格足足多賺了一百萬元。

「傾聽」是一門藝術。傾聽的技巧就是在對方談話時聚精會神、全神貫注地聆聽。當某個人到你的辦公室來和你談判時，絕對不允許任何事情分散注意力。如果是在一個吵雜的房間裡和人談話，你應當想方設法地讓對方感覺到你們是在場的惟一兩個人。

在交談中，你的雙眼應直盯著對方。即使此時有一個持槍的暴徒突然闖進房間，你或許也不會注意到暴徒的存在。

尼克深深地記得被冒犯的一次親身經歷：尼克和他的銷售經理正在共進晚餐，每次那位漂亮的女招待經過銷售經理身邊時，他的視線就會一直追隨著她；直到看不見為止。

尼克注意到這個狀況，當時他感到自己受到了莫大的侮辱，並憤憤不平地想道：「那位女店員的腿顯然要比我說的話對他更重要。他一點都沒有認真聽我講話，他完全漠視我的存在！」

為了清楚地聽到對方的談話，「聚精會神」、「集中注意力」是必要的表現，因為如果精力不集中，就會神遊天外、心不在焉，而這個行為是最讓人感到不受尊重的。還有需要注意的是，作為一個有修養的聆聽者，應該要記住對方所有發言的內容重點，並完全瞭解對方的希望所在，而不是單單注意發言者的長相、聲調。在對方傾訴的時候，儘量不要打斷對方說話，大腦的思維也要緊緊跟著他的內容走，要用腦而不是用耳聽，更不能右耳聽、左耳出。

要學會理性的多愁善感。理性的多愁善感就是憂他而憂，樂他而樂，急他所需。這種時候往往要配合眼神和肢體語言，輕柔地看著對方的鼻尖，如果明白了對方訴說的內容，更要不時地點頭示意。

必要的時候，用自己的語言重複對方所說的內容，例如：

「你剛才所說的『孤獨』，是指心靈上的孤獨，所以你在人越多的時候，越感到孤獨，不知道我對你理解的是否正確。」要鼓勵對方繼續說下去。

要做一個合格的傾聽者，應當掌握的四個要點是：注意、接受、引申話題和欣賞。

一、注意

傾聽時，眼睛要注視著說話的人，將注意力始終集中在對方談話的內容上，給予對方一個暢所欲言的空間，不要搶話，要表現出一種認真、耐心、虛心的態度。

二、接受

在雙方交談中，透過稱讚、同意的微笑、肯定的點頭，或者手勢、姿勢等做出積極的反應，表現出你對談話內容的興趣和對談話對方的接納與尊重。

三、引伸話題

透過對某些談話內容的重複和對談話對方情感的重述，或透過提出某些恰當的問題，表現出對談話內容的理解，同時幫助對方完成敘述，使話題能夠再進一步更深入。

四、欣賞

在傾聽中找出對方的優點，顯示出發自內心的讚美，給予總結性的高度評價。你的欣賞態度使溝通變得輕鬆愉快，它是良性溝通不可缺少的潤滑劑。

用傾聽熄滅怒火

如果你希望成為一個善於談話的人，那就先做一個注意傾聽的人。要讓人對你感興趣，那就先對別人感興趣。最成功的商業談判祕訣是什麼？注重實際的著名學者依里亞說：

「關於成功的商業交往，並沒有什麼祕密——專心地傾聽那個對你講話的人最為重要，沒有別的事物會令他如此開心。能夠如此表現，合作成功是自然的了，也再沒有比這更有效的了。」

實際上，即使那些喜歡挑剔別人毛病的人，甚至一位正處於盛怒的批評者，也常會在一個具有包容心與忍耐力且十分友善的傾聽者面前妥協，即便面對那氣憤的找碴者像一條大毒蛇張開嘴巴吐出毒信的時候，也一定要沉著、克制自己，只要用

「聆聽」就可以收服對方。

以紐約電話公司應付一個曾惡意咒罵接線員的顧客為例：這位顧客態度刁蠻、滿腹牢騷，十分不容易對付，他甚至威脅電話公司要拆毀電話、拒絕支付他認為不合理的費用，他還寫信給報社、向消基會不斷投訴，致使電話公司與顧客之間引起數起訴訟案件。最後逼得電話公司不得不派一位經驗豐富的調解員去訪問這位不近情理的顧客。

這位調解員靜靜地聽著顧客的抱怨，並對其身境表示同情，讓這位好爭論的顧客盡情地發洩他的滿腹怨言。

「我在他那兒靜聽了幾乎有三個小時，」這位調解員講述道，「以後我再到他那裡，仍然耐心地聽他發牢騷，我一共訪問了他四次，在第四次訪問結束以前，我已成為他創辦的一個團體的會員。有意思的是，就我所知，除這位先生以外，我是這個團體的惟一的會員。」

「在這幾次訪問中，我耐心傾聽，並且同情他所說的每一點。我從未像電話公司其他人那樣和他對立談話，他對我的態度慢慢變得和善了。我要見他的真實目的，在第一次訪問時沒有提到，在隨後的兩次也沒有提到，但在第四次，我圓滿地解決了這一案件，使他把所有的欠帳都付清了，他也撤銷了向消基會的申訴。」

毫無疑問，這位顧客自認為在為正義而戰、在為保障公眾的權利而戰。但實際上他需要的只是「被尊重」的感覺。

他試圖透過挑剔、刁難來得到這種被尊重的感覺，但在他從公司代表那裡得到被尊重的感覺後，他所謂的滿腹牢騷就化為烏有。

如果你甘願讓人當面迴避你、背後恥笑你，甚至輕視你，這裡有幾個最好的辦法：

一、絕不傾聽別人說話，並且不斷地跟他談論你自己。

二、如果對方在說話時，你有自己不同的意見，別等他說完，他沒有像你一樣的伶牙俐齒。為什麼要浪費自己的時間去聽他人無謂的閒談？即刻插嘴，在他一句話還沒說完時就打斷他。

接下來，你的目的就實現了。你很快就會變得人見人厭。

因此，如果你希望成為一個善於與人溝通的高手，那你就得先做一個「注意百分百的傾聽者」。

要使別人對你感興趣，那就先對別人感興趣。問別人喜歡回答的問題，鼓勵他人談論自己及他所取得的成就。不要忘記與你談話的人，他對他自己的一切，比對你的問題要感興趣多了。

南美一家電腦公司總裁安德烈．那瓦諾曾進一步深入地闡釋了這個話題，他說：「我們常聽而不聞，很多人聽別人說話時，都在想自己的事，根本沒有真正用心聆聽對方說什麼。真正的聆聽絕不只是聽而已。」

傾聽者雖然不開口說話，但聰明的傾聽者往往積極地參與對話，當然這不容易做到。要做到善於傾聽別人的談話很重要的一點，就是要全心全意，而且要真心投入，還能不時地問一些問題，鼓勵對方多談。其中包括機智、周到、不離題、簡潔等特點。

表示積極參與談話的方式很多，絕不需要動不動就插嘴打斷別人的講話。方式雖然很多，但我們用不著每一招都很純熟。善於聆聽的人經常用幾種輕鬆的方式，這些方式包括偶爾點點頭、偶爾附和一兩聲；有些人會換個姿勢或俯身向前，有時候微笑一下或招一下手。而目光的交流最能顯示你是一位友好的人，因為這表示：「我在非常認真地聽你說自己喜歡的事情。」

談話中途停頓時，可以提出相關的問題，繼續讓他表現下去，讓他有話可說、能說、想說。

要想培養傾聽的技巧，最為關鍵的並不是你應該採取哪一種傾聽姿勢或方法，因為這絕不是一件機械式或一成不變的事，而是隨機應變、感同身受，但有一件事是確定的：「善於傾聽別人的聲音，會讓你成為處處受人歡迎的人。」

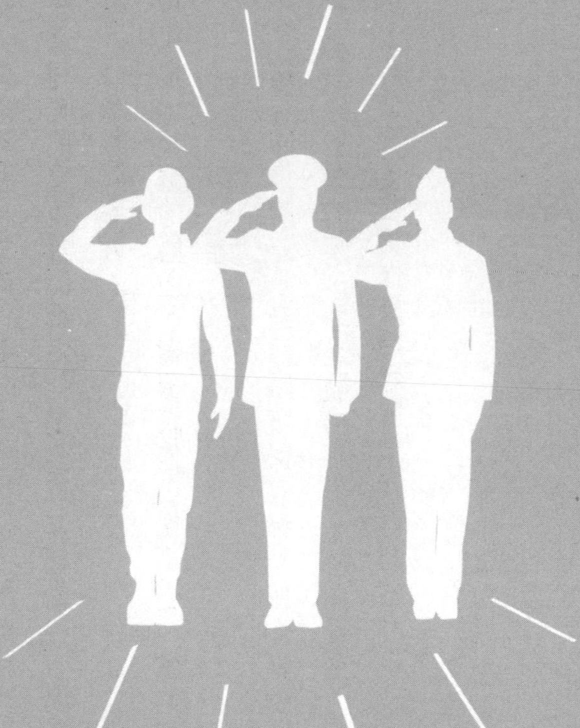

2

交際場合的場面話

為公為私，任誰都難免會在一些交際場合露面，這樣一來，「場面話」就是圓融的技巧，目的就是要讓對方高興，起碼不能掃人家的興，他滿意了，你的目的也就達到了。

套交情的話一定要會說

事前做好準備工作，讓自己有足夠的時間發掘出與對方一樣的共同點，這就是你「套交情、建立關係」的利器。

一踏入社會，「應酬」的機會就多，這些「應酬」包括做客、赴宴、會議及其他聚會等。不管你對某一次應酬滿不滿意，「場面話」一定要講，「套交情」的話也一定要會說。

什麼是「場面話」？簡言之，就是「讓人聽了會高興的話」。

既然說是「場面話」，可想而知，就是在某個「場面」才會講的話，這種話不一定代表你內心的真實想法，也不一定合乎事實，但講出來之後，就算對方明知你「言不由衷」，也會感到飄飄然的。

嚴格說起來，講「場面話」實在無聊之至，因為這幾乎和「虛偽」劃上等號，但現實社會就是這樣，不講場面話就好像不通人情世故了。

聰明人懂得：「場面之言」是日常交際中常見的手段之一，而說場面話也是一種應酬的技巧和生存的智慧。

一、學會場面話

㈠當面稱讚他人的話：如稱讚「你的孩子聰明可愛」、「你的衣服漂亮有型」、「你真是教子有方」等等。

這種場面話所說的，有的是實情，有的則與事實存在相當的差距，有時正好相反的，而且這種話說起來只要不太離譜，十有八九聽到這種「場面話」都會感到被恭維，而且在旁聽到的人越多他越高興。

㈡當面答應他人的話：如「我會全力幫忙的」、「這事包在我身上」、「有什麼問題儘管來找我」等。這種話有時不說不行，因為對方運用人情壓力，當面拒絕，場面會很難堪，而且會得罪人；對方纏著不肯走，那更是麻煩，所以用場面話先打發一下，能幫忙就幫忙，幫不上忙或不願意幫忙再找理由，總之，有緩兵之計的作用。

在很多情況下，場面話我們不想說還不行，因為不說，會對你的人際關係造成影響。

二、如何說場面話

㈠去別人家做客，要謝謝主人的邀請、盛讚菜餚的精美豐盛可口，並看實際情況，稱讚主人的室內布置、小孩的乖巧聰明……等。

㈡赴宴時，要稱讚主人選擇的餐廳和菜色，當然「感謝主人的邀請」這一點絕不能免。

㈢參加酒會，要稱讚酒會的成功，以及你如何有「賓至如歸」的感受。

㈣參加會議，如有機會發言，要稱讚會議過程準備得周詳……。

㈤參加婚禮，除了菜色之外，一定要記得稱讚新郎新娘的「郎才女貌」。

說「場面話」的「場面」當然不只以上幾種，不過一般大概離不了這些場合。

至於「場面話」的說法，也沒有一定的標準，要看當時的情況決定。不過切忌講得太多，要點到為止最好，太多的場面話就顯得虛偽而且令人肉麻。

說場面話的目的無非是為了與對方「套關係」。

「套關係」是交際中與陌生人、尊長、上司等溝通情感的有效方式。

「套關係」的技巧就是在交際雙方的經歷、志趣、追求、愛好等方面尋找共同點，誘發共同語言，為彼此的交往創造一個良好的氛圍，進而贏得對方的支援與合作。

隨便說話害處多

為人處世一定要把好口風，什麼話能說、不能說，什麼話可信、不可信，都要在腦子裡先三思，以免「禍從口出」。

「隨便說話」的害處是非常多的，比如某君有不可告人的隱私，你說話時偏偏在無意中說到他的隱私，所謂「言者無心，聽者有意」，他會認為你是有意跟他過不去，從此對你恨之入骨。他做的事，既然別有用心，極力掩飾不讓人知，如果被你知道了，必然對你非常不利。

如果你與對方非常熟悉，絕對不能向他表明自己絕不洩密，那將會自找麻煩。惟一可行的辦法，只有假裝不知，若無其事；他有陰謀詭計，你卻參與其事，代為決策，幫他執行，從樂觀的方面來說，你是他的心腹，而從悲觀的方面來說，你是他的心腹之患。你有得意的事，就該與得意的人談；你有失意的事，應該和失意的人談。

說話時一定要掌握好時機和火候。不然的話，一定會碰一鼻子灰，不但目的達不到，而遭冷遇、受申斥也是意料中的事。

有些奸佞小人，巧妙地利用了別人在說話時機、場合上的失誤，借刀殺人，以達到損人利己的目的。

有句老話叫做「禍從口出」，為人處世一定要把好口風，話說出口前一定都要先深思熟慮。害人之心不可有，防人之心不可無。一旦中了小人的圈套為其利用，後悔就來不及了！

每個人都有自己的祕密，都有一些壓在心裡不願為人知的事情。同事之間，哪怕感情不錯，也不要隨便把你的祕密告訴對方，這是一個不容忽視的問題。你的祕密可能是私事，也可能與公司的事有關，如果你無意之中告訴了同事，很快的，這些祕密就不再是祕密了。它會成為公司上下人人皆知的事實。這樣一來，對你極為不利，至少會讓同事多多少少對你產生「疑問」，並對你的形象造成傷害。

因為一般說來，個人的祕密大多是一些不甚體面、不甚光彩甚至是有很大污點的事情。這個把柄若讓人抓住，你的競爭力就會大大的削弱了。此外，你的祕密一旦告訴的是一個別有用心的人，他雖然不可能在公司進行二手傳播，但在關鍵時刻，他會拿出你的祕密作為武器回擊你。

阿建是某公司的業務員，他因工作認真，所以業績良好，被公司確定為後備幹部候選人。只因他無意間透露了一個屬於自己的祕密而被競爭對手擊敗，後來沒被重用。

阿建和同事嘉仁私交甚好，常在一起喝酒聊天。一次週末，他備了一些酒菜約了嘉仁在宿舍裡共飲。兩人酒越喝越多，話也越說越多。酒過三巡已微醺的阿建向嘉仁說了一件他沒有對任何人說過的事：

「我高中畢業後沒考上大學，有一段時間沒心情非常不好。有次和幾個哥兒們喝了點酒回家時，看見路邊停著一輛摩托車，一見四下無人，一個朋友撬開鎖我就把車給騎走了。後來那朋友被逮供出了我，結果我被判了刑。服刑期滿後我四處找工作但到處碰壁，經過朋友介紹我才來到台北。現在有這樣的工作機會，我應該好好回報公司的栽培。」

三年後，公司根據他的表現和業績，把他和嘉仁同列為業務部副理候選人。總經理找他談話時，他表示一定會加倍努力，不辜負主管的厚望。他原本以為自己獲得提拔的機會很大，誰知道兩天後，公司人事部突然宣布嘉仁為業務部副理，而自己則被調出業務部另行安排工作。

事後，阿建才從人事部瞭解到是嘉仁從中搞的鬼。原來，在候選人名單確定後，嘉仁便到總經理辦公室，跟總經理說了阿建曾被判刑坐牢的事。不難想像，一個曾經犯過法的人，老闆怎麼會重用呢？儘管現在表現得不錯，可是過往的污點是怎樣也擦不洗乾淨的。

知道真相後，阿建又氣又恨又無奈，只得接受調遣去了不怎麼重要的部門上班。

只有恰到好處地把握好說話的分寸，才會在與人交往的過程中做到游刃有餘，而且也不會給自己招致禍端。

不要亂發問

說話不僅要根據實際狀況的不同，而採取不同的表達方式，也要根據前後話語相互聯繫，而恰當地選擇陳述的內容。

茱蒂好不容易才找到了一份在咖啡館做服務員的工作，卻只上了一天班就被老闆炒了魷魚。

她的條件並不是很差，也沒有做錯什麼事，只是不小心問了一句不該問的話。

那天，茱蒂剛上班，店裡就立刻進來了三位客人，她隨即拿著菜單讓這三位客人點餐。

第一位客人點的是冰紅茶，第二位客人點的是冰咖啡，第三位客人也是點冰咖啡，但是，他特別強調要用乾淨一點的杯子。

很快的，茱蒂將這三位客人所點的飲料，用盤子端了出來，一邊朝他們坐著的方向走來，一邊還大聲地向這三位客人問道：「你們誰點的冰咖啡是要用乾淨一點的杯子……」

就憑茱蒂的這一句本意為詢問的問話，不禁會讓人聯想：「其他兩位杯子就不乾淨囉？」

老闆當然會毫不客氣地炒她的魷魚，因為誰也不會去搬石頭砸自己的腳。

在工作中，要講究「說話的方式」，同樣的，在與人交往的過程中，也要把握好說話的分寸，恰到好處地說好該說的話。

有一名記者去採訪一位考上大學外語系的優秀考生。原先設想好的問題中有：「你的父母是否有輔導你學習英語的能力？」

但是到了現場，看到考生的父母也陪伴在場，如果按照原先準備的提問方式來交談，就顯得唐突而不禮貌。於是他將原來的提問改為：

「你們一家人是不是常常在一起討論學習英語方面的問題？」

這樣一來，這名記者不但能有效地獲得所要的資訊，又能同時對考生及家長提問，不會冷落任何一方。

要注意說話當時的實際狀況採取不同的表達方式，也要根據前後話語之間的相互聯繫而恰當地選擇陳述的內容。

一位年輕的主管去拜訪公司一位退休的老工人，見面以後問道：「您老人家身子真夠硬朗，今年高壽？」

「七十九啦。」老工人回答說。

「人生七十古來稀，廠裡數您最長壽吧？」

「哪裡，老李還活到了八十四呢！」

「但是您七十九高齡也稱得上長壽啊！」

「是啊！不過，老李去年歸天了。」

「唷，這回兒可就輪到您了。」

談與正濃的老工人聽到這句話，臉色陡變。

問題就出在「這回可輪到您了」這句話上，前面老人剛說完「歸天」的事，他卻接下去說「輪到您」，這不就會使老人產生「歸天」與「輪到您」的聯想嗎？甚至有「你詛咒我」的誤解嗎？

如果這位上管能控制好前後話語，把說話成「這回『長壽的頭銜』可輪到您了」，也就不會出現老人誤解的情況了。

講究說話的藝術對於「傳遞資訊」、「塑造良好的形象」有著不可忽視的重要作用。如果不察自己一時的出言不遜而無所顧忌地說了不該說的話，則只會給自己製造出一些不必要的麻煩。

先明白自己要表達的意念

說話的角度不同，得到的結果也會不同，動口之前一定要先想一想：從哪個角度切入才能達到理想的說話效果。

有兩個年輕的修士同時進入一所修道院修道，過去兩人都有抽菸的習慣。為了能一解菸癮，其中一位去問老院長：「能不能在禱告的時候抽菸？」

結果此人被臭罵一頓回來，因為他在「禱告」之時，居然會分心想「抽菸」。

另一個修士問老院長：「可不可以一邊抽菸一邊禱告？」

這人居然被院長大大地誇獎一番，稱讚他連抽菸時都想到要禱告。

這兩個修士，所要做的事——「抽菸」是一樣的，但只因用不同的角度表達，而招致兩種截然不同的待遇。可見，我們在說話之前，得要在腦袋裡先好好地擬一份草稿。

主人為了慶祝自己的生日，特別邀請了四個朋友一起到家中吃飯慶祝。不知何故，其中三個人準時到達，只剩一人遲遲沒有來。

主人有些著急，不禁脫口而出：「急死人啦！該來的怎麼還沒來呢？」

其中有一人聽了之後很不高興，對主人說：「你說該來的還沒來，意思就是我們三人是不該來的，那我告辭了，再見。」說完，就氣沖沖地走了。

此時還剩一人沒來，已到的其中一人又被自己氣走了，主人急得又冒出一句：「真是的，不該走的卻走了。」

剩下的兩人一聽，其中一人生氣地說：「照你這麼講，該走的是我們二人啦！好，那我走。」說完，掉頭就走了。

主人一看自己又把一個人給氣走了，便急得如熱鍋上的螞蟻，不知所措。最後剩下的這一個朋友與主人交情較深，就勸主人：「兩位朋友都被你氣走了，你說話應該留意一下，不要無端得罪人。」

主人更加無奈地說：「他們全都誤會我了，我根本不是說他們。」最後這位朋友聽了，臉色大變說：「什麼！你不是說他們，那就是說我啦！莫名其妙，有什麼了不起。我走。」話一說完，鐵青著臉也走了。

言者無心，可聽者有意。語言表述不慎，往往存在歧義。因此，我們在說話之前，一定要考慮周全，隨意脫口而出不經思考的話，往往最容易得罪人。

說話替人留情面

如果你是個對「面子」不在意的人，那麼你必定是個不受歡迎的人，因為你不會感同身受他人對「面子」的在意程度。

如果你是個自私自利、只顧自己面子，卻從不顧別人面子的人，那麼你肯定有一天會吃暗虧的。

有位文化界人士，每年都會受邀參加某專業團體的雜誌年終評鑑工作，這工作雖然報酬不多，但卻是一項難得的榮譽，很多人想參加卻找不到門路，也有人只參加過一兩次，就再也沒有機會參加了。

問他為何年年有此殊榮，他從不透露。只有當他在屆齡退休之際，不再參加此項工作後，才公開其中祕訣。他說，他的專業眼光並不是關鍵，他的職位也不是重點，他之所以能年年被邀請，是因為他很會給人「留情面」。

他在公開的評審會議上一定把握一個原則：多稱讚、多鼓勵、少批評。但會議結束之後，他會找雜誌的編輯人員，私底下告訴他們在編輯上存在的一些缺點及改進的方法。

因此雖然雜誌的排名有先後名次，但對每位編輯而言，都保住了自己的面子，而也就因為他顧慮到別人的面子，承辦該項業務的人員和各雜誌的編輯人員，都很尊敬他、喜歡他，當然也就每年找他當評審了。

每一個人都非常重視自己的面子，為了面子，小則翻臉，大則會鬧出人命；如果你是個對「面子」絲毫不在意的人，那麼你必定是個不受歡迎的人；如果你是個只顧自己面子，卻不顧及別人面子的人，那麼你肯定有一天要吃暗虧。

在待人處世中，怎樣才能顧及別人的面子，處理好人與人之間的「面子問題」呢？

一、要善於擇善棄惡

在待人處世中要多誇獎別人的長處，儘量迴避對方的缺點和錯誤，「好漢願提當年勇」是事實，可又有誰願意提及自己不光彩的過去呢？特別是如果有人刻意用這些不光彩的過去來做文章，就等於在傷口上撒鹽，無論誰都是不能忍受的。

有一位年輕的女孩長得很胖，吃了不少的減肥藥也不見效果，心裡很苦惱，也最怕有人說她胖，更忌諱聽到「肥」、「臃腫」的字眼。

有一天，她的同事小張對她說：「妳吃了什麼呀？整個人像吹氣球一樣，才幾天工夫又胖了一圈。」

胖女孩惱羞成怒：「我胖又關你什麼事了！又不是吃你的、喝你的，多管閒事！」

小張明知對方的短處，卻仍提出此話題，自然就犯了對方的忌諱，不找麻煩才怪哩！

二、別無端傷了對方自尊

指出對方的缺點和不足時，要顧及場合，別無端傷及對方的面子。

有一支軍隊支援配合拍電影，卻因故少帶了一樣裝備，致使拍攝無法進行。營長相當不悅，當著全連戰士的面批評連長說：「你是怎麼搞的，辦事這麼毛毛躁躁，要是上戰場也能裝備不齊？」

連長本來就挺難過的，可營長偏偏當著自己的部下狠狠批評自己，心裡自然覺得大失面子，於是不由分辯道，「裝備沒帶齊是有原因的，你也不能不經過調查就亂批評！」

營長弄不懂，平時服服貼貼的連長怎麼會這樣出言頂撞他。事後，在與連長談心交換意見時，連長說：「你當著那麼多士兵的面批評我，我今後還怎麼帶部隊？」

從這個事例中不難發現，假如營長是私底下批評，連長不僅不會發火，還會虛心接受批評。營長錯就錯在，說話時沒有注意時機和場合。

三、為對方留面子

有時候，對方的缺點和錯誤無法迴避，必須直接面對，這時就要採取委婉含蓄的說法，淡化矛盾，以免發生衝突，

吳國有個滑稽才子，名叫孫山。他與鄉裡某人的兒子一同參加科舉考試。考完後，孫山先回到了家，那個同鄉的父親就向孫山打聽自己的兒子是否考上了。

孫山笑著回答說：「解名盡處是孫山，賢郎更在孫山外。」

孫山的回答委婉而含蓄，既告訴了結果又沒刺到對方的痛處：如果孫山直接告訴對方你的兒子落榜，那麼對方的反應就可想而知了。可惜的是，在現實社會的待人處世中，我們周圍許多人說話往往太過於直接，結果反而壞了事。

此外，在與人交往的過程中，為了「面子上過得去」，還必須對對方有一個充分的瞭解，做到「既瞭解對方的長處，也瞭解對方的不足」。

每個人都會有自己的個性和習慣，有自己的需求和忌諱，如果你對交往對象的優缺點一無所知，那麼就會有「盲人摸象」的誤解，難免會錯誤判斷，引起別人的不快。因此，要想與他人友好相處，就要儘量體諒他人，顧及別人的面子。

避免冷場的說話技巧

不善言談的人，容易與人產生「話不投機半句多」的尷尬情況，在交際場合中便不易與人產生親密感。

要想成為求人辦事的高手，首先必須掌握「沒話找話聊」的訣竅。沒話找話說的關鍵是要「善於找話題」，或者根據某事引出對方聊天的興致。因為話題是初步交談的媒介，是深入細談的基礎，是縱情暢談的開端。沒有話題，談話是很難順利進行下去的。

「好的話題」至少要具備以下的要件之一：

㈠至少有一方熟悉的話題，雙方就能交談。

㈡大家也都感興趣的話題，雙方就會愛談。

㈢至少值得展開探討的餘地，那麼就好談。

那麼，怎麼找到話題呢？

一、眾人都關心的話題

要選擇對方關心的事件為話題，把話題對準他的胃口，這類話題是他想談、愛談、又能談的，對方自然就能說個不停了。例如針對他的專業、興趣、家人、寵物等，都能引起對方的興趣。

二、借用當事人的背景資料

巧妙地借用此時、此地、此人的某些材料為題，藉此引發交談。有人善於借助對方的姓名、籍貫、年齡、服飾、住所等，即興引出話題，常常也能收到好的效果。「即興引入法」的優點是靈活自然，就地取材，其關鍵是要思維敏捷，能作「由此及彼」的聯想。

三、提問的方式

向河水中投塊石子，探明水的深淺再前進，就能有把握地過河；與陌生人交談，先提一些「投石」式的問題，在略有瞭解後再有目的地交談，便能談得更為自如。如：

「您在哪兒高就？」

「孩子多大年紀了？」

四、找到共同愛好

問明對方的興趣，循著興趣發問，便能順利地進入話題。如對方喜愛賽車，便可以此為話題，談最近的精采賽事，某賽車手最近的表現，以及車隊的表現差距等，都可以作為話題而引起對方的談興。

引發話題，類似「抽線頭」、「插路標」，重點在「引」，目的在「導出」對方的說話興趣。

五、搭上關係，由淺入深

孔子說，「道不同，不相為謀」，只有志同道合，雙方才能談得攏。

陌生人要能談得投機，要在「故」字上做文章，變「生」為「故」。以下是變「生」為「故」的幾個方法：

㈠適時切入看準情勢——不放過應當說話的機會，適時插入交談，適時地「自我表現」，能讓對方充分了解自己。交談是雙邊活動，光瞭解對方，不讓對方瞭解自己，同樣難以深談。

陌生人如能從你「切入式」的談話中獲取教益，雙方會更親近。適時切入，能把你的知識主動有效地獻給對方，實際上符合「互補」原則，奠定了「情投意合」的基礎。

㈡借用媒介——尋找自己與對方之間的媒介物，以此找出共同語言，縮短雙方距離。如見一位陌生人手裡拿著某件物品，可問：「這是什麼？看來你在這方面一定是個行家。正巧我有個問題想向你請教。」

對別人的一切外在顯出濃厚興趣，透過媒介物引發表露自我，交談也會順利進行。

㈢留有餘地——留些空缺讓對方介入，使對方感到雙方的心是相通的，交談是和諧的，進而縮短距離。因此，和對方交談，千萬不要一次就把話講完，而應是虛懷若谷，歡迎對方一起討論。

「話題」能快速拉近雙方距離

日常交往並不總是在熟人間進行，常常要闖入陌生人的領地，因此得快速縮短彼此陌生的距離。

進入一個陌生的家庭環境裡，要迅速打開陌生的局面，首先要尋求理想的「突破口」。有了「突破口」，便可以由此及彼地發揮彼此的共識，進而實現讓對方在感情上接受你的效果。老人、小孩容易接近，也喜歡你接近，融洽全家氣氛，這樣就能達到水到渠成的「套關係」的目的。

人常說：要討母親的歡心，莫過於讚揚她的孩子。聰明的人應該利用「孩子」在交際過程中充當溝通的媒介，一樁看似希望渺茫的事，經過「孩子」這個話題的起承轉合，反倒迎刃而解。

紐約某大銀行的喬·理特奉上司指示，祕密進入某家公司進行信用調查。正巧理特認識另一家大企業公司的董事長，這位董事長很清楚該公司的行政情形，理特便親自登門拜訪，希望得到他的協助。

當他進入董事長室，才坐定不久，女祕書便從門口探頭對董事長說：「很抱歉，今天我沒有郵票拿給您。」

「我那十二歲的兒子正在收集郵票，所以……」董事長不好意思地向理特解釋。

接著理特便開門見山地說明來意。可是董事長卻含糊其詞，一直不願作正面回答。理特見此情景，只好離去，沒得到一點兒收穫。

不久，理特突然想起自己造訪時，那位女祕書向董事長說的話：「郵票」和「十二歲的兒子」。

同時，也聯想到他服務的銀行國外科，每天都有許多來自世界各地的信件，有許多各國的郵票。

第二天下午，理特又去找那位董事長，告訴他自己是「專程替董事長兒子送郵票」來的。由於此一機緣及共同話題，董事長便熱烈招待他。當理特把郵票交給董事長時，他面露微笑，雙手接過郵票，就像得到稀世珍寶似地自言自語：

「我兒子一定高興得不得了。啊！多有價值！」

董事長和理特談了四十分鐘有關集郵的事情，又讓理特看他兒子照片。一會兒，沒等理特開口，他就自動地說出了理特要知道的內幕消息，足足說了一個鐘頭。他不但把所知道的消息都告訴了理特，又召回部下詢問，還打電話請教朋友。

理特沒想到，只是區區幾十張郵票，竟讓他圓滿地完成了原來看似希望渺茫的任務。

其實，再強硬、再難打交道的人，只要能找到他感情的弱點，事情就好辦，你的話如能讓他感到窩心，再生冷的場面也會熱絡起來。

禮讓是說話的第一要務

辦事能否順利達到目的，「說話會圓場面」有時會產生加乘的作用。

有個年輕人騎馬趕路，忽見一位老漢路過，他便在馬上高聲喊道：「喂！老頭，離客店還有多遠？」「五里！」老漢回答。

年輕人便策馬飛奔，急忙趕路去了。結果一口氣跑了十多里，仍不見人煙。他暗想，這老頭真可惡，居然說謊話騙人，非得回去教訓他不可。他一邊想著，一邊自言自語道：「五里！五里！什麼五里……」

突然之間，他醒悟過來了，這「五里」不就是「無禮」的諧音嗎？

於是馬上回頭追上了那位老人，一見到他便急忙翻身下馬，禮貌地叫了聲：「老大爺」，話還沒說完，老人便說：「客店已過了，如不嫌棄，可到我家一住。」

這故事通俗而明白地說明人們在人際交往過程中講究「禮貌」的重要性。「粗俗的言行」與「得體的禮貌」將產生截然不同的交際效果。和他人打交道，總得以稱呼開頭，它好像是一個見面禮，又好像是進入社交大門的通行證。稱呼得體，可使對方感到親切、受尊重，彼此的交往便有了基礎。稱呼若是不得體，往往會引起對方的不快甚至惱怒，雙方陷入尷尬境地，致使交往梗阻甚至中斷。那麼，怎樣稱呼才算得體呢？

一、考慮對方的年齡特徵

見到長者，一定要用尊稱，特別是當你有求於人的時候，比如：「老闆」、「老闆娘」、「先生」、「小姐」、「弟弟」、「妹妹」等，不能隨便喊：「喂」、「嗨」、「騎車的」、「那個」等，否則會讓人討厭，甚至發生不愉快的口角。另外，還需注意，以年齡稱呼人，要力求準確，否則會鬧笑話，例如，看到一位二十多歲的女子就稱人家「阿姨」，這會使對方不高興，不如稱她「小姐」更合適。

此外，沒有任何稱呼就和對方攀談，則更是交往時的大忌。

二、考慮對方的職業

我們在社會上看到一些人，不管遇到什麼人都稱「師傅」，難免讓人反感。可見在稱呼上還必須區分不同的職業。

對工人、理髮師、廚師等稱「師傅」，當然是合情合理的，具有尊重其專業的意思，而對農民、軍人、醫生、售貨員、教師，統統稱「師傅」就有些不倫不類。

對不同職業的人，應該有不同的稱呼，例如，對商家，應稱「老闆」、「老闆娘」；對教師應稱「老師」；對國家官員和公職人員、警察，最好稱「長官」；對企業的主管，則可以統一以他們所擔任的職務為稱呼標準即可。

三、考慮對方的身分

有一次有位大學生到老師家裡請教問題，不巧老師不在家，老師的太太開門迎接，當時不知稱呼什麼為好，脫口說了聲「伯母」。對方反而感到很難為情，這位學生也意識到似乎有些不妥，因為她也只比自己大幾歲而已。

若是遇到這種情況該怎麼稱呼呢？按照身分，老師配偶當然應稱呼「師母」，對方因年齡關係可能不願接受。最好的辦法就是稱呼「老師」，不管她是什麼職業（或者不知道她從事什麼職業），稱呼對方「老師」含有尊敬對方和謙遜的意思。

四、考慮自己與對方之間的親疏關係

在稱呼別人的時候，還要考慮自己與對方之間關係的親疏遠近。例如，和你的兄弟姐妹、同窗好友、同事見面時，直呼其名更顯得親密無間、無拘無束，否則，見面後一本正經地冠以全名之類的稱呼，反倒顯得陌生、疏遠了。

當然，為了打趣故作「正經」，開個玩笑，也是可以的。在與多人同時打招呼時，更要注意親疏遠近和主次關係，例如在宴會上，你就應該以先和主人打招呼為第一優先。

五、考慮說話的場合

如果在正式場合，如開會、與外部企業接洽、談工作時，稱主管為「王經理」、「張廠長」、「趙校長」、「孫局長」等，常常是必要的，因為這能體現工作的嚴肅性、領導的權威性，是順利開展工作所必須的。

讓喜歡說話的人痛快的說

人們都喜歡自己說，而不喜歡聽別人說話，更喜歡談論自己的事情。若是在沒有完全瞭解別人的情況下，對別人的事盲目地下判斷，這樣便造成了人際交往中難以溝通的情況，造成彼此交流的障礙和困難，更有甚者會造成雙方的衝突和矛盾。

卡內基的名聲遠播到歐洲。歐洲有些地方就邀請他去作演講，卡內基有 次從歐洲回來之後，卡內基的朋友邀請他參加橋牌晚會。

在這個晚會上只有卡內基和另外一位女士不會橋牌，所以他們倆坐在一旁就閒聊開了。這位婦女知道卡內基剛從歐洲回來，於是就對卡內基說：「啊，卡內基先生，您去歐洲演講，一定到過許多有趣的地方，歐洲有很多風景優美的地方，您能說說嗎？我小時候就一直夢想著去歐洲旅行，可是到現在都還不能如願。」

卡內基一聽，就知道這位女士是一位健談的人。他知道，如果讓一位健談的人很久地聽別人說話，那就如同受罪，心中定是憋著一口氣，並且不時會打斷你的談話，或者對你的話根本毫無興趣。他明白這位女士想從自己的話中尋找一些機會，好讓她能夠開始自己的談話。

卡內基剛到晚會時聽朋友介紹過她，知道她剛從南美洲的阿根廷回來。阿根廷的大草原景色秀麗，到那個國家去旅遊的人都會去看看的，且都有自己的一番感受。

於是他對那位女士說：「是的，歐洲有趣的地方可多了，風景優美的地方更不用說。但是我很喜歡打獵，歐洲打獵的地方就只有一些山，很危險的。就是沒有大草原，要是能在大草原上邊騎馬打獵，邊欣賞秀麗的景色，那多愜意呀……」

「大草原！」那位女士馬上打斷卡內基的話，興奮地叫道，「我剛從阿根廷的大草原旅遊回來，那真是一個有趣的地方，太好玩了！」

「真的嗎，妳一定玩得很愉快吧。能不能講一些大草原上的風景和動物給我聽呢？我和妳一樣，也一直夢想到大草原去的。」

「當然可以，阿根廷的大草原可是非常有名的……」那位女士遇到了一個傾聽者，當然不會放過這個機會；滔滔不絕地講起了她在大草原的旅行經歷。

在卡內基的引導下，她又講了去布宜諾斯艾利斯和一些她沿途旅行去的國家的經歷，甚至到了最後，變成了她對自己這一生去過的美好地方的追憶。

卡內基在一旁耐心地聽著，並不時微笑著點點頭鼓勵她繼續講下去。後來，那位女士講了足足有一個多小時。

晚會結束時她遺憾地對卡內基說：「卡內基先生，下次見面我繼續講給您聽，還有很多很多呢！謝謝您讓我度過了這麼美好的一個夜晚。」

卡內基在這一個小時中只說了幾句話，然而，那位女士卻對晚會的主人說：「卡內基真會講話，他是一個很有意思的人，我很樂意和他交談。」

其實卡內基知道，像這位女士這樣的人，並不想從別人那裡聽到些什麼，她所需要的僅僅是一雙認真聆聽的耳朵。她想做的事只有一樣：傾訴。她心裡真想將自己所知道的一切全都講出來，如果別人願意聽的話。

面對這種談話者，最好不要自以為是，賣弄口才想堵住他們的嘴巴，那只會迎來打哈欠的嘴巴和厭煩的表情。一般人有兩種心理狀態：其一是，一個人作為一個獨立的主體，他總是事事從自我的角度出發，他最喜歡的是他自己而非別人，他最愛談論的便是自己，所以在談話時不是傾聽別人講話，而是口若懸河地跟別人說自己的事。這是典型的自我中心主義者。

其二是，不是很健談的人，他的心理活動比較複雜，情緒變化較大。由於他沉默寡言，不開心的事情不願講出來，許多煩惱的情緒都被理智積壓在心中。有時候，有了什麼高興的事情，也不喜形於色，不願與人分享，也埋藏在心中，這種人表面上看起來不動聲色，堅強沉著，內心活動卻很激烈。因此，遇到一次渲洩的機會，而你是他的朋友，就千萬不能打斷他，這時你所做的事就是靜靜地聽。在傾聽的過程中，你們的友誼在加深，他對你的信任程度也在增加，你會因此而獲得一份真誠的友情。

利用「模糊」語言技巧

在一些不必要、不可能或不便於把話說得太確實的時候，利用「模糊」語言技巧，讓表達的內容更有「彈性」。

生活中還有一類問題，也是我們怎麼回答都不對的，面對這樣的問題，聰明的人通常會想辦法巧妙地避開。有這樣一則寓言故事：

百獸之王獅子想吃其他獸類，但得找藉口。於是張開大口讓百獸聞自己的口是香還是臭。

首先輪到熊，牠聞後如實地說：「有股肉的腥臭味。」

獅子怒道：「你不尊重我，留你何用。」說完便將熊吃掉了。

第二天，輪到猴子來聞。有鑑於前一天熊的教訓，猴子乖巧地說：「喲，好一股肉的清香味啊！」

獅子又怒說：「你根本只是在拍我馬屁，留你何用。」說完又將猴子吃掉。

第三天，輪到兔子來聞。牠知道，說「臭」會被吃掉，說「香」也會被吃掉，於是牠湊到獅子嘴邊，故意聞得十分認真，但卻是都不開口。這下子獅子急了，催兔子快說。

兔子便說道：「報告大王，我昨晚受了風寒，感冒鼻塞，聞了這麼久，實在聞不出是臭還是香。等我風寒痊癒、鼻子也通了，再來聞吧！」

獅子無奈，只好放了兔子。

兔子正是巧妙地迴避了這個難以答覆的問題，才得以保全了自己的一條性命。

漢高祖劉邦也非常熟悉這種「說話迴避」的技巧。

項羽自尊霸王後，想謀殺劉邦。

范增出主意說：「等劉邦上朝，大王就問他：『寡人封你到南鄭去，你願不願意去？』如果他說願意，你就說他意圖養精蓄銳，有謀反之心，可以藉機殺頭；如果他說不願意去，你就以其違抗王命的理由殺掉他。」

劉邦上殿後，項羽一拍案桌，高聲問道：「劉邦，寡人封你到南鄭去，你願不願意去？」

劉邦答道：「臣食君祿，命懸於君。臣如陛下坐騎，鞭之則行，收轡則止。臣唯命是從。」

項羽一聽沒有「願意」的答案，無可奈何，只好說：「劉邦，你要聽我的，南鄭你就不要去了。」

劉邦說：「臣遵旨。」

劉邦的語言，避開了項羽問話之間所設下「願意」或「不願意」的陷阱，並故意說自己對項羽衷心耿耿、唯命是從，進而使項羽找不到藉口殺了自己，為自己日後捲土重來保留了機會。

為了保全自己的某種利益，你可以設法避開這類難於應付的問題。有時候為了顧全自己的面子，你也要學會避開別人的提問。

有一個善於閃躲質問的人，他迴避問題的本領簡直到了出神入化的地步。如果有人問他：「你可曾讀過《唐吉訶德》？」

他會回答：「最近不曾。」

其實他根本沒讀過，然而誰會煞風景去破壞融洽的談話氣氛？

有人問他可曾讀過但丁《神曲》中的地獄篇。

他回答：「英文本沒讀過。」

使旁人不禁對他肅然起敬。他這句百分之百的真話會讓人產生三種誤解：

㈠他讀過這詩篇。

㈡他精通十四世紀的義大利文。

㈢他是文學純粹主義者，不屑讀翻譯本。

這樣模糊其實的回答真是高明。

當你想指出別人某些缺點的時候，最好也不要直接地說出來，而要避開問題的關鍵，換一種方式來表達。

古時候，有一個縣官很喜歡附庸風雅，儘管他的畫術不佳，但畫畫的興致卻很大。他畫的虎不像虎，反而像貓。

他每完成一幅作品，都要在廳堂內展出，讓眾人評論。大家只能說好話，不能說不好聽的話，否則，就要遭受懲罰，輕則挨打，重則流放他鄉。

有一天，縣官又完成了一幅「虎」畫，懸掛在廳堂，並召集全體衙役來欣賞。

「各位瞧瞧，本官畫的虎如何？」縣官得意地問眾人。

眾人低頭不語。縣官見無人附和，就點了一個人說：「你來說說看。」
那人戰戰兢兢地說：「老爺，我有點怕。」
縣官：「你怕？有什麼好怕的？別怕，有老爺我在，怕什麼？」
來人：「老爺，你也怕。」
縣官：「什麼？我也怕？那是什麼，快說。」
來人：「怕天子。老爺，你是天子之臣，當然怕天子呀！」
縣官：「對，官員怕天子，可天子什麼也不怕呀！」
來人：「不，天子怕天！」
縣官：「天子是老天爺的兒子，怕天，有道理。好！老天爺又怕什麼？」
來人：「怕雲。雲會遮天。」
縣官：「雲又怕什麼？」
來人：「怕風。」
縣官：「風又怕什麼？」
來人：「風又怕牆。」

縣官：「牆怕什麼？」

來人：「牆怕老鼠。老鼠會打洞。」

縣官：「那麼，老鼠又怕什麼呢？」

來人：「老鼠最怕它！」來人指了指牆上的畫。

新來的差役沒有直接說縣太爺畫的虎像貓，而是從容周旋，借題發揮，暗指這是一隻「大貓」，拐彎抹角地的達到了批評的目的。

巧妙迴避不宜直言的問題，還有很多種不同的方式，你可以採用比喻的方式，借助事實說話，也可以含糊其辭，在一些不必要、不可能或不便於把話說得太確實的時候，利用「模糊」語言讓你的表意更有「彈性」。

拒絕的技巧

別受「拒絕會招致對方不悅」的心態影響，你有百分之百拒絕對方的自由。

任何人都有得到別人理解與幫助的需要，任何人也都常常會收到來自別人的請求和希望，可是，在現實生活中，誰也無法做到有求必應，所以，掌握好說「不」的分寸和技巧就顯得很有必要。

人都是有自尊心的，當一個人有求於別人時，往往都帶著惴惴不安的心理，如果一開口就說「不行」，勢必會傷害對方的自尊心，引起對方強烈的反感，而如果話語中讓他感覺到「不」的意思，進而委婉地拒絕對方，就能夠收到良好的效果。

要拒絕、制止或反對對方的某些要求、行為時，你可以用一些原因作為藉口，避免與對方直接對立，例如，你的同事向你推銷一套家具，而你卻並不需要，這時候，你可以跟對方說：

「這樣的家具確實比較便宜，只是我也弄不清楚究竟怎樣的家具更適合現代家庭，據說有些人對家具的要求是比較複雜的。我的資訊也太缺乏了。」

在這種情況下，同事只好帶著莫名其妙或似懂非懂的表情離去，因為他們聽出了「不買」的意思，想要繼續說服你，可是你說「更適合現代的家庭」卻是一個十分籠統而模糊的概念，這樣一來，即使同事想「第二次推銷說服」，也因為找不到明確的目標（到底你為何原因不買）而只好作罷。

先不要急著拒絕對方，因為你應該尊重對方的願望，從頭到尾認真聽完對方的請求，先說一些關心、同情的話，然後再坦白告知實際情況，說明無法接受要求的理由。

因為先說了一些讓人聽了產生共鳴的話，對方才能相信你所陳述的情況是真實的，相信你的拒絕是出於無奈，因而也能夠理解你。

3

說話懂圓滑，事情更圓滿

我們平時說話時應多留心別人心裡犯忌的話題，否則你只顧自己說得痛快，一味逞口舌之快，一句犯忌諱的話，讓你所有的努力都泡了湯。

說話不懂得圓滑，又怎能期望事情的結果圓滿呢？

客氣話太多也會惹人嫌

談話的目的在於溝通雙方的情感，而客氣話則恰恰是橫擋在雙方中間的牆，如果不把這堵牆搬走，人們只能隔著牆作極簡單的敷衍應酬。

有人片面地認為，「多說客氣話」就等於做到了「說話能圓」的技巧，實際上，「客氣話」是一面雙刃劍，一方面能讓不熟悉和不那麼親近的人感受到你的禮節和敬意，另一方面如果熟人之間還故意客氣，那就是有意拉大你們之間的距離。因此過度客氣反而成了朋友間交往的大忌。

假如你到一個朋友家裡拜訪，你的朋友對你異常客氣，你每說一句話，他只有「是、是」而答，惟恐你不高興。如此一來，你一定覺得有如芒刺在背、坐立不安。「過度的客氣」顯然是令人痛苦的。

朋友初次見面略談客套話後，第二、第三次的見面就應竭力少用那些「閣下」、「府上」等名詞，否則真摯的友誼是無法建立的。因為客氣話的堆砌必會損害融洽的氣氛。

「客氣話」是表示你對對方的恭敬或感激，不是用來敷衍朋友的，所以要適可而止，多用就流於迂腐、流於浮滑、流於虛偽。

有人替你做一點小小的事情，譬如說遞過一杯茶吧，你說「謝謝」也就夠了。要是在特殊的情形下，那麼最多說「對不起，這事情要麻煩你」也就夠了。但是有些人卻要說：「呵，謝謝你，真對不起，我不該把這些小事情麻煩你，真使我覺得難過，實在太感激了……」等一大串的客套話，是否會覺得對方過於小題大作呢？

說客氣話時要充滿真誠，像背熟了的成語似的流水般洩出來的客氣話，顯然是在敷衍應酬，反而容易讓人產生你不夠真誠對待的不愉悅的經驗。

寧在人前罵人，不在人後說人

當別人對你說第三者的壞話時，無論你是否明白其中的前因後果，你都必須保證做到一點：不傳播二手資訊。

說話最大的缺陷就是背後道人長短。別人有缺點、有不足之處，你可以當面指出，勸他改正，但是千萬別當面不說，背後卻說個沒完沒了。

有一句話叫做：「誰人背後無人說，誰人背後不說人。」這話雖然說得有些「一竿子打翻一船人」的定論，卻也說明了一個道理：大多數人都多多少少地在背後說過別人的長短。

經常在背後說別人壞話的人，一定不會是受歡迎的人。因為凡是有點頭腦的人，都會自然而然地這麼想：「這次你在我面前說別人的壞話，下次你就有可能在別人面前說我的壞話。」這樣一來，說人壞話者在別人的印象中就不可能好到哪裡去。

在日常應酬中，常常會遇到別人在你面前說另一個人的壞話，對此，你應該端正態度，用辯證的思維去思考這種事。因為說第三者壞話的人，總是有著各式各樣的原因，充分地分析講話者的心理及原因，做到端正自身，不受隨波逐流的牽引。

有兩個朋友因為一個女人而鬧得互相之間很不愉快，兩個人雖然平時見面還都裝著一副無所謂的樣子，但是一旦分開，就會對對方發起「攻擊」，將對方的「壞處」添油加醋地講出來。身為朋友，你當然成了他們雙方發洩對對方不滿的垃圾桶。

當甲對你說乙的壞話時，你應盡可能地保持沉默，在適當的時候加進一兩句勸導的話，不對乙加任何評語；當乙對你說甲的壞話時，你也同樣不對甲加任何評語，同樣在適當的時候對乙勸導幾句。

所有的話，無論是甲說的還是乙說的，都讓它們到你這裡成為終點，不要再對外傳播了。

一段時間過後，當甲乙二人都冷靜下來時，回想起他們在你面前所說的那些話，肯定他們連自己都覺得不好意思。這樣的處理方式，就不使他們之間的矛盾進一步擴大，好朋友終究還是好朋友。

如果換另一種情形，你對他們一意奉承，在甲面前附和著說乙不好，在乙面前附和著說甲壞話，那麼結果可想而知。

從這件事中，可以得到一個經驗，那就是當別人對你說第三者的壞話時，無論你是否明白其中的原因，你都必須保證做到一點，那就是「左耳進、右耳出」，同時還得充分瞭解對方，如果發現對方是無緣無故，只是天生有背後說第三者壞話的習慣，那麼你就得注意，必須刻意地疏遠他。

別讓抱怨毀了你

抱怨是無濟於事的，相反的，還會埋沒你的功勞。

在部門上下層級的關係之間、同事之間，當你感到自己受到了不公平待遇時，許多不夠聰明的老實人，就立刻表現出不滿、憤怒的情緒，甚至會暴跳如雷，大罵一通，而這些行為，只是簡單發洩了一下自己激動的情緒，於對方卻無絲毫的影響，反而白白耗費了力氣，還可能會引來別人的誤會，讓自己受到更深的傷害。

曉玫是一家公司的行政助理，同事們都把她當成公司的「管家」，公司裡事無巨細，都要找她才行，這樣一來，曉玫每天事務繁雜，忙得團團轉，牢騷和抱怨也就成了家常便飯。

這天一大早，又聽她抱怨：「煩死了，煩死了！」

一位同事皺皺眉頭，不高興地嘀咕著：「本來心情好好的，被妳一吵也煩了。」

其實，曉玫性格開朗外向，工作起來認真負責。雖說牢騷滿腹，該做的事情，一點也不曾怠慢，不管是設備維護、辦公用品購買、買機票，訂客房……曉玫整天忙得暈頭轉向，恨不得長出另一雙手來。再加上為人熱情，中午懶得下樓吃飯的人也請她幫忙叫外賣。

剛繳完電話費後，財務部的小李來領膠水，曉玫不高興地說：「昨天不是剛來過嗎？怎麼就你的事情特別多？」

抽屜開得霹哩啪啦，翻出一個膠水，往桌子上一扔：「以後東西一起領！」

導致小李有些尷尬，又不好說什麼，忙陪笑臉：「妳看妳，每次找人家報銷都叫親愛的，一有點事求妳，臉馬上就長了。」

大家正笑著呢，銷售部的同事就急忙地來找曉玫，原來影印機卡紙了。曉玫立刻不耐煩地揮揮手：「知道了。煩死了！和你說一百遍了，先填保修單。」單子一甩：

「填一下，我去看看。」

曉玫邊往外走邊嘟囔：「總務部的人都死光了嗎？什麼事情都找我！」

總務部的小張氣壞了：「這是什麼話啊？我招惹妳了？」

曉玫態度雖然不好，可是公司還真是少不了她的存在。雖然有時候同事們會被她罵得下不了台，也沒有人說什麼。因為她連不是她應該做的都做了。

可是，那些「討厭」、「煩死了」、「不是說過了嗎」的抱怨話，實在是讓人不舒服，特別是同辦公室的人，曉玫一叫，他們頭都大了。

「拜託，妳不知道什麼叫情緒污染嗎？」這是每位同事聽到曉玫抱怨時的一致反應。

年末的時候，公司有意票選一優質員工，大家雖然都覺得這種活動老套可笑，暗地裡卻都希望自己能榜上有名。獎金倒是小事，誰不希望自己的工作得到肯定呢？上級主管們認為此人非曉玫莫屬，可一看投票結果，五十多張選票，曉玫卻只得十二張。

有人私下說：「曉玫這個人是不錯，但就是嘴巴太厲害了。」

曉玫卻很委屈：「我忙得要死要活的，卻沒有人肯定我……」

什麼叫吃力不討好？像曉玫這樣，工作都替別人做到家了，嘴上為逞一時之快，抱怨上幾句，結果前功盡棄。

冷語傷人，「說者無心，聽者有意」，所以，既然非得做，就心甘情願些吧！抱怨是無濟於事的，相反的，還會埋沒你的功勞。

打人不打臉，罵人不揭短

沒有一個人願意讓自己的缺點成為眾人的笑柄。

短處，人人都有，有的人可能自己心裡也很清楚，可是由別人嘴裡說出來就讓人不舒服。沒有一個人願意讓別人攻擊自己的短處。若不分青紅皂白，一味說對方的短處，很容易引發唇槍舌劍，兩敗俱傷。

「當著侏儒不說矮話」，是告誡人們不要刻意中傷他人自尊的意思。人生在世，各有所長，各有所短，若以己之長，較人之短，則會目中無人；若以己之短，較人之長，則會失去自信。

春秋時期，齊國宰相晏子是個矮個子。有一次到楚國去出訪，楚國的國君故意要以晏子的矮小身高來調侃他，於是吩咐只開大門旁的小門迎接晏子的來訪。

晏子一看，便知楚王嘲笑自己身高的用意，於是對門衛說道：「我代表齊國出訪，通常都是到大國從大門進，到狗國從狗洞進，只是沒想到堂堂楚國竟然也會用狗國的禮儀來迎接我，看來我是來錯了。」

楚國國君本想羞辱晏子，卻反過來被晏子羞辱一頓，暗指自己是狗國的國君。

在交際應酬中，盡可能地避開對方短處的話題，也是應酬成功與否的關鍵之一。如果我們老是把眼光盯在別人的弱點上，在應酬中總是將別人的弱點當成攻擊的對象，那麼只會出現兩種情況：

一是別人不願意再與你交往。如此一來，你的朋友會越來越少，別人都躲著你、避開你，不與你計較，直到剩下你自己孤家寡人一個。

二是別人也對你進行反攻，揭露你的短處。這樣勢必造成互相揭短，互相嘲笑的局面，進而發展到互相仇視。

如此一來，你在人際關係中便會徹底失敗，你在人們的印象及評價中，也不可能好到哪裡去。

大凡有短處的人都怕人提及。在日常應酬中，我們一方面盡可能地避免提及對方的短處，一方面也完全可以從真正關心對方的角度出發，善意地為對方出謀劃策，使他的短處變為長處，或者使他不為自己的短處而自卑，那麼，你便會得到別人的認可，而且還會因此得到別人的信任乃至感激。

不要將他人的不足放在嘴邊，即使非說不可，也可以變通一下再說，這是應酬的技巧，是獲得友誼的技巧。

俗話說：「會說話的讓人笑，不會說話的讓人跳」，就是說語言的變通所能達到的不同效果。

改變惹人厭的說話習慣

過多的口頭禪會讓人不耐煩，你會感到這些詞語是多麼令人煩躁，多麼單調乏味。不良的談吐習慣是社交場合與人交談時較為忌諱的。如果你是一個男人，談吐障礙將會讓你的能力、權威及說服力大大受損；如果你是一個女人，它會使你失去自己應有的社交魅力和吸引力，讓人在初次聽到你的說話方式時退避三舍。

一、惹人厭煩的口頭禪

在我們平常與人講話或聽人講話之時，經常可以聽到「那個」、「你知道」、「他說」、「我說」之類的詞語，如果你在說話中反覆不斷地使用這些詞語，那就是口頭禪。

口頭禪的種類繁多，即使是一些偉大的政治家在電視訪談中也會出現這種毛病。

有時，我們在談話中還可以不斷的聽到「啊」、「呃」等無意義的口語助詞，這也會變成一種口頭禪，請記住專家的忠告——切勿在談話中散布那些可怕的「呃」音。

要改變自己的這種「口頭禪」的壞習慣，不妨將自己打電話時的聲音錄下來，聽聽自己是否出現這一毛病。一旦弄清自己的毛病，那麼在以後與人講話的過程中，就要時時提醒自己注意這一點。

二、不停變換姿勢的小動作

檢查一下自己，你是否在說話途中不停地出現以下動作：坐立不安、蹙眉、揚眉、扭鼻、歪嘴、拉耳朵、扯下巴、搔頭髮、轉動鉛筆、拉領帶、玩弄指頭等，這些都是一些影響你說話效果的不良肢體語言。

當你在說話時，對方就會被你的這些動作所吸引，當他們分心地看著你的這些可笑的動作，根本不可能認真聽你講話。

有一位公司老闆，當他發表演說時，總是要求自己的祕書與觀眾站在一起，如果自己的手勢太多，祕書就會將一枝鉛筆夾在耳朵之上以示提醒。當然我們不可能人人做到如此，但在你講話時，完全可以自我提示，一旦意識到自己出現這些多餘的動作，趕緊改正。

三、眼神飄忽不定、心不在焉

當你與別人握手致意時，你們便彼此建立了一種身體的接觸，而「眼神」的交匯作用也是同樣重要，透過相互傳遞一種眼神，你們便可以建立一種人際關係。

「眼神」不僅可以向他人傳遞資訊，你也可以從他人的眼神中接收到某些資訊。你似乎聽到他們在說：

「真有意思！」

「真令人討厭。」

「我明白了。」

「我被你給弄糊塗了。」

「我準備結束了。」

「我十分樂意聽你講話。」

「我不想和你講話。」

「你讓我不高興。」

「我不認同你。」

當你說話的時候，你的眼睛也是否在說話？或者你故意迴避他人的視線，而不敢與人相對而視，因為那會令你覺得不適？

你是否會邊說邊將眼睛盯在天花板上？

你是否低頭看著自己的雙腳？你看到的是一簇簇的人群，還是一個個的人？

總之，再沒有比避開他人視線更容易失去聽眾的動作了。

用謊話替自己留後路

謊話是一種工具，好與壞，端看你如何運用及所造成的殺傷力有多大。

梭羅曾經說過：「我們離不開謊言，因為，那是我們通往老實的最短捷徑。」的確，在現實生活中，「說真話」往往沒有比「說謊話」容易被人稱作老實，原因是你說的這個謊話對人有利，那麼這個人必定說你很老實，否則，不就是等於否認他並沒有你說的那麼好嗎？

從另一個角度來看，有些人之所以喜歡聽好聽的謊話，主要是因為他們寧願你說謊話欺騙他、哄騙他，也不想聽到會讓他心裡受到傷害的真話。或許，就是因為這些緣故，我們經常會被迫說出某些自己根本不想說的應酬話，被迫不得不睜著眼說瞎話，不得不說些連自己都不可能相信的謊言。

雖然我們很不願意說出這些言不由衷的假話，但這就是你不能不面對的現實，就是所謂的人情世故，所謂的人性主流價值，這也就是為何我們從小就被逼著一定要學習「孔融讓梨」的精神，忍痛割捨自己非常想吃的大梨子，而且，還要再三地強調自己是心甘情願，否則，前面的那個禮讓動作，在別人眼裡就是虛偽做作，就是不夠老實。

但是這種為了贏得一句老實的稱讚，如果用人性的角度來檢驗，卻顯得有點愚蠢，因為，有誰會笨到捨棄原本唾手可得的大梨子，而去選擇其他的小梨子呢？

有一個小男孩，在父母的教誨下總是表現得非常得體有禮貌，遇到喜歡的食物也知道要謙讓給別人，大人們都誇他聰明懂事、懂得禮讓。

有一天，家裡來了一位客人，小男孩也和平常一樣將自己家裡種的最大的一顆蘋果送給客人吃，客人也一邊稱讚他，一邊接過了蘋果。可是當這位客人剛剛咬下第一口蘋果的時候，小男孩就「哇……」的一聲哭了出來，邊哭還邊說：「你憑什麼吃我的大蘋果？你憑什麼吃我的大蘋果？」

客人在莫名其妙的同時也尷尬萬分。

原來，從前家裡的來客只是接過食物之後就重新放回盤子裡，很少有人真的去吃這些食物，男孩也就養成了作假的表面功夫的習慣，可是，這次他自己喜歡的蘋果卻真的被客人占有了，他自然不願意接受這個事實，其實在他內心深處，從來都不是真的希望自己讓出這好吃的水果。

「人性」就是如此，所以在現實生活中，就要處處給自己留餘地，如果你太過於老實地說出對自己不利的真話或者做出絕對真實的舉動，通常就會被人稱作笨蛋，因為只有所謂的「笨蛋」，才會那麼毫無保留地將自己的真實想法赤裸裸地暴露在別人的面前。

用謊言讓事情更圓滿

「善意的謊言」既是生活的必須品，更是說話技巧中不可或缺的一部分。聰明的人都懂得「審時度勢」的道理，如果不分什麼狀況，只是一味地坦誠，只會把自己送上絕路。

說謊的確會遭非議，但若你的出發是善意的、是無私的、是為對方著想的，那麼猶如為謊言裹上一層糖衣，對方的感念是點滴在心頭。

「撇開道德的標準，『謊言』就是一種智慧。」真理和事實是客觀的，說與不說都是一樣，但只有謊言才能展現一些「人文色彩」。

生活離不開謊言，有些時候，你不能不說謊；在一些非常時候，甚至只有說謊，才會讓事情的運作更加圓滿。

《最後一片葉子》是美國作家歐·亨利的一篇短篇小說，它的故事是這樣的：

在某醫院的一個病房裡，身患重病的病人房間外有一棵樹，樹葉被秋風一吹，一片一片地掉落下來，病人望著落葉蕭蕭、淒風苦雨，而自己的身體也隨之每況愈下，一天不如一天。

他想：「當樹葉全部掉完時，我也就要死了。」

一位老畫家朋友得知他的想法後，被這種悲泣想法深深打動了，他用畫的樹葉裝飾滿樹枝，使那位瀕臨死亡的病人能夠因為看著滿是樹葉的大樹生生不息，而堅強地活了下來。

在我們的生活中，也不乏這樣的事例，作為醫生，面對一個生命垂危的重症患者，經常會寬慰病人說：「只要配合治療，你很快就會康復了。」

而幾乎沒有一個醫生會對病人說：「你根本沒有希望了，很快就會死，所以你不用再白費心思了。」

同樣地，作為病人的親朋好友，在去探望病人時，即使知道病人活不了幾天了，也要與醫生配合，把謊言繼續下去，讓病人滿懷信心地繼續接受治療。因為生命本身有時是會創造奇蹟的，即使沒有奇蹟出現，讓病人充滿希望地多活兩天也是一種人道精神的表現。這個時候，你如果不說謊，還能怎麼辦？

在醫療方面，謊言是不可少；在教育方面，適當的謊言也會對人產生積極的影響。教育學家研究發現，教師如果善用美好的謊言鼓勵學生，學生則會因為有人看重自己而建立起信心，並且真正有所進步，這就是「鼓勵式謊言」的教學法。

有這麼一個試驗：把能力相當的一年級學生分成三個小組，第一組經常給予表揚與稱讚；第二組經常給予責備和批評；第三組既不給予表揚和稱讚，也不給予責備和批評。

接下來，給三組學生相同難度的數學題目測驗，這個實驗連做了一個星期，得到的結論是：

第一組學生的成績在不斷地提升進步中；

第二組學生一開始時有進步，中途就停滯不前了，學習效果並不好；

第三組學生前三天成績提升，之後成績卻變得直線下降。

可見能使學生學習能力倍增的「鼓勵式謊言」不但是有用的，而且對於學習時的成效來說，是非常有效的。

大學教授們經常要給自己的學生寫推薦信，這些推薦信可能是作為向國外學校申請獎學金，也可能是作為人才市場上參與激烈的職業競爭之用，如果學生的確是頂尖的人才，那便不必多說，照實寫出來就是了。

若是教授誠懇地指出該學生不是出類拔萃的頂尖人才，通常接受推薦的一方就可能理解為該學生是個差勁的學生。如此一來，教授反而可能傷害這個學生，使其失去深造的機會或難以找到工作。所以，當教授們在提筆寫推薦信的時候，必定在其中誇大學生的成績和能力。你可以認為這是在撒謊，但撒這樣的謊是必要的。

還有一種謊言是社會禮儀必須說的客套話，這些話大都比實際的事實誇張、謊話連篇，聽著那些千篇一律的客套話，雖然心裡不一定會很愉快，但人類缺少這些空話與謊話，社交禮儀就無從談起了。

有這麼一個故事：王員外家添了個孫子，在滿月酒的那天，來了許多慶賀的賓客，大家都在談論這個可愛的孩子。

李秀才看著嬰孩稱讚道：「令孫將來一定福壽雙全，飛黃騰達，富貴榮華，光宗耀祖！」

羅秀才開口便說：「其實人都是一樣的，這孩子將來也會長大、變老、死去！」

李秀才的言論使他受到眾人熱烈的歡迎，被奉為上賓，而羅秀才真實的分析則受到客人的鄙視、主人的怠慢。

難道羅秀才說的不是實話嗎？當然是實話，可是「實話」往往是不中聽的。相反的，李秀才說的話極有可能是假話，一個人要想要「福壽雙全」是很難的，但就是因為「假話」才討了主人的歡心，因為主人正是這麼期望孩子的未來的。

禮貌性語言和奉承話可給人們的幻想與虛榮心帶來極大的滿足，讓人從困境與艱難中擺脫出來。它讓人覺得自己在別人的生活中是受到尊重與重視的，因此它在生活中也是必不可少的，所以盧梭在《懺悔錄》中說：「我從沒有說謊的興趣，可是，我常常不得不羞愧地說些謊話，以便使自己從不同的困境中解脫出來。有時為了維持交談，我遲鈍的思維、乾枯的話題迫使我虛構一些事情以便有話可說。」

人，總是要面對生活的。生活中，真實是重要的，真誠更加重要，這對人生、對社會無疑是有更大價值的。然而，我們所處的社會是紛繁複雜的，你我皆凡人，都期望能出人頭地。

每個人心中都有許許多多不同的慾望和念頭，若是不加選擇、不分對象、不分場合地直接把心中的話說出，那只會被人當成「異類」來看待，而把握一定的原則，把握好說「善意謊言」的分寸，你才會成為一個受人歡迎的人。

實話實說，有時反而製造麻煩

生活裡沒有絕對的真實，如果你每一件事情都實話實說，只會給自己製造出一大堆麻煩，甚至會與整個社會格格不入。

從前，有一個愛說實話的老實人，什麼事情他都照實說，所以不管他到哪，總是個不受歡迎的人物。如此一來，他變得一貧如洗，簡直無處棲身。最後，他來到一座修道院，指望著能有容身之處。

修道院長看見他，問明瞭原因以後，認為應該尊重熱愛真理、肯說實話的人，於是把他留在修道院裡安頓下來。

修道院裡有幾頭已經不中用的牲口，修道院長想把牠們賣掉，可是他不相信任何人去執行這個任務，怕他們把賣牲口的錢私藏為己有。於是院長只好請這個老實人把兩頭驢和一頭騾子牽到市集上去賣。

老實人卻在買主面前只講實話：「尾巴斷了的這頭驢很懶，喜歡躺在稀泥裡。有一次，長工們想把牠從泥裡拉出來，一用勁，就拉斷了尾巴；另外的這頭驢又特別倔，一步路也不想走，他們就鞭打牠，因為鞭打得太多次了，毛都禿了；這頭騾子呢，是又老又瘸，」他又說：「如果能做的了事，修道院長就不會把牠賣掉了！」

買主們聽了老實人這些話，沒有一個人有興趣買這些牲口。老實人對牲口的評價在集市上一傳開，更沒有人願意買這些牲口了。於是老實人到晚上又把牠們趕回了修道院。

聽完老實人講完在市集上發生的事，修道院長發著火對老實人說：「那些把你趕走的人是對的。不應該留你這樣的人！我雖然喜歡你的老實，可是，如果老實過了頭就是個蠢才！所以老兄，你走吧！」就這樣，老實人又從修道院中被趕出去了。

其實故事中「老實人」的遭遇並不是偶然的事件，現實生活中也不乏類似的例子。但是一個不懂得變通的人，若只是一味地依自己的認知說話，不懂得利用說話的技巧替自己打圓場，也是一個蠢材！

阿文最近和他的老婆關係相當緊張，前幾天，雙方甚至傳出要「離婚」的消息。本來關係還挺親密的小倆口，怎麼突然之間要離婚呢？原來只是因為阿文在不經意間說出了一句過於真實的話。

有天阿文很早下班，夫婦兩人吃過晚飯就靠在沙發上欣賞正在播放的青春偶像劇，影片裡男女主角正愛得如火如荼，女主角深情地問男主角：「你到底愛不愛我？」

男主角隨即說：「我當然愛妳，因為妳是我身體的一部分。」

阿文聽了男主角的這句話後，自言自語道：「好！這真是個有智慧而又帶點禪意的回答。」

阿文的老婆聽他這麼說，上下打量了他一眼之後，便不斷地追問阿文：「那你是不是也把我當成你身體的一部分呢？」

阿文被問煩了，只好敷衍回答說：「妳當然是我身體的一部分啦。」

阿文以為這樣回答就可以交差了，誰料到老婆聽完之後並不滿足，而是繼續問他：「那麼，我到底是你身體的哪一個部分？」

老婆本來是想聽阿文再說幾句甜言蜜語的，可是，阿文卻無奈地笑了笑，想逃避這個問題，老婆再三地追問，情急之下，阿文只好將真實的答案脫口而出，他誠懇地對老婆說：「妳是我的『盲腸』！」

可想而知，聽到這個答案之後，失望的老婆會有什麼樣的反應。

其實，當你面對別人（尤其是你的另一半），對你打破沙鍋問到底的時候，千萬別在情急之下，就將心中那個「預設的答案」脫口而出，因為這個「心中的答案」可能會讓你吃足苦頭，就像上面故事裡的那個可憐的老實人或阿文一樣。

生活裡沒有絕對的真實，如果你任何事情都實話實說，只會給自己製造出一大堆麻煩，甚至會與整個社會格格不入，就像我們常見的一些商品廣告詞中，從來就不會有「本產品有某某缺點」之類的話。

世間萬物本來就不是完美的，你又何必像那位老實人一樣，把自己的想法完全地、赤裸裸地暴露在別人面前呢？

謊言就像是生活的調味劑，在適當的時候說出來的謊言，充滿真誠、散發出溫暖的光輝，能讓說謊者與「被騙者」在你情我願的情況下甘之如飴；而過於真實的語言只會讓你身邊的人「吃不消」，對你敬而遠之了。

「謊言真說」的保護罩功能

謊言不只是說謊，而是一種說話的藝術，可以樹敵也可以自救。生活離不開謊言，「善意的謊言」像真話一樣不可缺少。在某些特定的情況下，你一句善意的謊言能掩飾小錯、平息矛盾，更可以保護自己不受傷害。

一個不善於說謊的人，一說謊總是害怕別人識破，所以撒謊時心裡會特別緊張，一緊張，表情就不自然。言語上也顯得結結巴巴、嗯嗯啊啊的，更有的人會驚慌失措、手忙腳亂。對方一看你這副緊張的模樣，哪怕你說的是真話，也不敢相信了。

美國有句諺語說得好：「就想你目前正在走的這一步，別想下一步。」

這對於說謊者來講，不失為一種正確的方法。說謊的時候，你只要盤算好如何使你的謊言如何更完美，其他一切雜事，你都不要想太多。

拿破崙有一次檢閱軍隊，按照慣例，指揮官跑步到拿破侖跟前，以非常清晰的口齒報告：

「報告將軍。本部已全部集合完畢。本部官兵應到三千四百四十四人，實到三千四百三十八人。請你檢閱。」

拿破崙非常滿意地點點頭說：「很好。」便回頭對他的參謀說：「記住這個指揮官的名字，數字記得這麼準確的人應該受到重用。你們以後也得向他學習，給我彙報時儘量用精確的數字。不要用大概、可能、也許、差不多這樣模稜兩可的話。」

這位以謊言博得拿破崙好感的指揮官，說謊的時候真是乾脆俐落，顯得異常冷靜，其實，真正要說謊，首先就得這樣，能給予對方最基本的信任感，對方才能相信你說的話。

通常，我們對一個吞吞吐吐講話的人會心存懷疑，認為他欲言又止是編織藉口與謊言，進而對他的所作所為嚴加防範。

但對於說話乾淨俐落的人則抱有好感，好像他的「不假思索」是一種不藏心機、誠實坦率的作風，常常會對以這種方式講出的話深信不疑，認為那種脫口而出的話不像在撒謊。其實，高明的騙子不過就是利用了人們的這一種心理，在現實生活中，不得不靠撒謊從一些難堪處境中解脫出來的時候，這種謊言是必須毫不猶豫地脫口而出的，否則對方就會對你的答案產生懷疑，使你難以達到順其自然的效果。

有一天深夜，老丁醉醺醺地回到家中，當太太幫他脫下外套時，突然發現他的襯衫上有口紅印，太太勃然大怒：「這不是口紅印嗎！今晚你到哪兒鬼混去了？」

老丁當時心裡一驚，但表面上依然很隨便地說：「今晚去卡拉ＯＫ和朋友唱歌，大概是我唱得太好了，也或是我人長得太瀟灑了，有幾個小姐竟衝上來抱著我狂吻一番！現在的這些女孩子啊，可真是不得了。」

眼看夫妻間即將爆發的一場風暴，老丁用三言兩語就輕鬆圓滿平息了，因為妻子知道丈夫歌唱得好，人長得也瀟灑，卡拉ＯＫ裡那種喜歡出風頭的女孩子也確實存在，也就不會往其他事件上胡思亂想了，只是說：「以後那種地方你還是少去，別時間長了，心也花了。」

其實，老丁這天晚上是在跟情人幽會的。老丁當時如果支支吾吾地回答：「這是……嗯……不不不，這是……」那等於不打自招地承認自己外出和情人幽會，所以才啞口無言嗎？當然，老丁也可以這麼回答：「回家時，公車裡很擁擠，可能是推擠之下，不知道是哪位小姐不小心給印上的吧！因為當時我太熱，外套就拿在手上，只穿著襯衫而已。」太太雖然還是會疑心，但也不好再追根究柢了。

不過，這樣的謊言並不順其自然，會給太太留下一團疑惑，一定會從此開始產生防範心理。下次老丁再出門，她可就會嚴加防範了。

「說謊」具備的第一要務就是一臉真誠的沉著冷靜，唯有這樣，你才能夠達到目的，而不至於讓自己難堪。其實我們在這裡並不是在鼓勵大家說謊，只是在有些特定的場合，適度的謊言有助於你擺脫窘境、減少麻煩。

謊話真說，態度誠懇

縱使說謊，也別謊張，用自然然的態度，陳述一個假想的事實吧！

正常情況下，在待人處世中都講究態度要真誠，說謊話實在是要不得的。但是如果你善於把假話當成真話來說，講究說謊的尺度和藝術，小小的謊話也會給你帶來好處，因為人性中一個很重要的弱點：人人都樂於被虛假的事實所安慰。

日本關西有一家藥房，這家藥房的老闆人緣極好，不管是真話還是假話，只要從他嘴裡說出來，總是那麼動聽順耳，因而他的生意相當興隆。

每當顧客一上門，他就馬上起身相迎，帶著滿臉的客氣表情打恭作揖說「歡迎光臨」，讓進店來的顧客感到心情愉悅，產生被人重視的滿足感。接下來，藥房老闆開始發自內心地說他的「假話」，例如對於年紀大的人，就說「你看起來真年輕！」，對於愛美喜歡打扮的小姐、太太，說些「妳身上穿的這套衣服很漂亮」之類令人聽了舒坦又溫馨的話。由於藥房老闆的「假話」說得態度誠懇，顧客也願意和他來往，藥房生意也就自然很好。

說好假話最關鍵的是「假戲要真做」、態度要誠懇，不要犯對方的忌諱。倘若你以漫不經心的態度，向對方說一些聽起來舒坦愉悅的謊言，即使是禮貌性的讚美，有時對方非但不接受你的心意，反而會對你產生虛偽的不良印象；因此，「誠懇認真的表情」是改變對方心理的重要策略。縱然你說的話完全與事實不同，是真正的假話，但只要是極具誠意地表示，對方仍會相信這是你的由衷之言，自然就會對你產生良好印象，這是不用證明就可以明白的道理。

小張到店裡去買自行車，由於他知道自己身長腿短，不成比例，選好車子付了錢之後，便請老闆把車座椅調低，誰知車店的老闆仔細瞧看一番後，以極具真誠的表情說：「先生，不用調了，你的腿絕對是夠長的！」

頓時，小張飄飄然地望著老闆把自行車的座位調高。然後，以風馳電掣般的速度，騎著自行車駛向溫暖的家。一路上，小張想著老闆充滿自信又果斷的「你的腿絕對是夠長的」這句話，內心不由自主地欣喜若狂。

縱使那位老闆的讚美顯然不符合事實，而且他的動機也不清楚，雖然如此，小張還是很感謝老闆這麼看得起自己，又肯定自己一直以來引以為自卑的「腿短」問題。

無庸置疑，「說假話」的最佳策略，便是「認真的表情」。最好是在以認真的表情用假話恭維對方時，能夠把既乾脆又果斷的說法及語氣派上用場。比如說，在與他人打招呼寒暄「你看起來容光煥發，神采奕奕」之後，馬上再補上一句「看起來比你的實際年齡年輕多了」，相信對方必然會洋溢一股飄飄然的滿足感，對你更是產生良好的印象，因為喜歡被人讚美年輕是人之常情。

一般來說，大部分的人都相當重視自己給人的第一印象，因此，想要令他人對自己產生良好的第一印象，在首次會面時，不妨將對方的年齡按實際年齡打個七折，這是最佳的策略，因為打九折所能產生的作用不大，而打五折又有過於虛偽之嫌，所以折衷下來，七折是最佳的讚揚程度。

例如，對方是六十歲的人，你就要說「你看起來像五十多歲的樣子！」當然，對方一定會嚇一跳。而為了避免讓對方產生被愚弄的不悅感，你必須要先奠定對方的確是具備五十多歲的「心理準備」卻別過於誇張地說對方看起來是「四十多歲」，再以認真的表情向對方讚美，如此循序漸進、按部就班地確切實施，對方就會很容易地接受你的「假話」，而且會被你的誠意打動而深感愉悅。

說假話的時候除了要有認真的表情外，認真的心情也不可或缺，當然，千萬不要犯對方的忌諱，因為一旦犯忌，即使你的態度再認真、表情再誠懇，也達不到好的效果。比如你對一個相當在意自己塌鼻梁缺陷的人說：「你的鼻子很好看！」肯定會令對方極度不悅。你的態度越誠懇，對方可能就會越氣憤。

同樣的道理，與你的上司打交道時，必須時刻小心才是，當上司問你任何一個問題時，在你的腦海裡都要很快閃過這類念頭：他提問的真正「目的」何在？然後針對他的「目的」，具體地回答，而並非什麼問題都據實回答。該說假話就大膽地說，不要有什麼不好意思；當然，這裡也不是說應該全對上司說假話，而是仔細評量後，說出你應該說的話。

說謊話不但要說得恰到好處，也要說的神色自若，否則，弄巧成拙不說，還會給人留下虛偽做作的印象。

工作中的開場白

工作過程中掌握「說開場白」的技巧，善於以開場白潤滑同事之間的關係，會是個簡便易行而又有效的人際關係經營法。

誰都希望有一個和諧的工作氛圍，一天八小時，一週五個工作天，一個人絕大部分的時間、精力是在工作環境中度過的，如果同事之間矛盾不斷，整天彆彆扭扭，每天一踏上上班的路就想起與誰的不愉快，那麼工作就成了一種負擔和刑罰。

要想避免這種狀況的發生，工作過程中掌握「說開場白」的技巧，善於以開場白潤滑同事之間的關係，會增加工作的順利進行。

一般人在初次上班與同事拉關係時，試圖透過一些日常的開場白引起對方興趣，例如最典型的對話：

「今天天氣不錯啊！」

「是啊，氣溫也不高，挺舒服的。」

這種公式化的對話根本算不上開場白，也不會給剛認識的同事留下深刻的印象，同樣的，對方會覺得你沒有什麼特別之處。這樣的交談無異於浪費時間、浪費精力。

也許有人會認為，第一次與同事見面時，若講話太冒昧是不懂得社交禮節，而會有所顧忌。其實大可不必考慮這麼多。例如你可以很自然地這麼說：「最近我和父親相處不太好，可是昨天我們居然高高興興地談了一個下午，現在誤會完全解開了……」或者說：「這幾天太熱了，我乾脆剃成光頭，朋友們都認不出我了……」以自己的近況為題材是一種很好的開場白。

選擇說話的內容，要考慮工作場合及時間。只有針對性地說話，才能加深彼此的印象。初次見面若想給同事留下深刻的印象，首先必須先消除彼此間的距離。

某企業有一次邀請某位先生演講，那位演講者用自嘲的語言一開始就消除了與觀眾間的心理距離。他說：

「今天我第一次與各位見面，特意穿了一雙漂亮的皮鞋，因為擠公車趕路的緣故，皮鞋卻開口笑了，……」

只有儘快地消除初次見面的陌生感，才能給對方留下永不磨滅的印象。

由於我們一半時間都在工作場合度過，因此有時候說話會流於形式。如何引起新同事注意，就在於如何選擇話題。聰明的你，何不運用創意製造奇蹟呢？在公司裡，同事之間免不了互相幫忙，你對這種事情應當採取什麼態度呢？平常我們總說「助人為樂」，但是，在辦公室戰場上，怎樣助人，才能真正成為樂趣，才能被雙方所接受呢？

其實只要是人，都會有善、惡之分，但是在辦公室裡交朋友卻不可以如此，最好是一視同仁地與他們打交道。同事之間要能同甘共苦。

「今天如果不加班的話，工作是怎樣也趕不完的！」假如有一位同事一邊看手錶，一邊歎氣地說這些話時，你也許可以說：「唉！真是夠辛苦的啦！要不要我來幫你忙啊！」

若能對他這麼說的話，那位加班同事的內心該會多麼感激啊！「今天我幫你忙，明天也許變成你幫我忙了」，這種彼此互助情形在工作上也是經常發生的。

此外，要特別注意，不要在同事背後蜚短流長。喜歡說別人是非的人，也許正表示了他本人的個性多少還有點不成熟，這樣子的談話雖然可以發洩心中的苦悶，而且大家也都知道說別人壞話是很不好的行為，可是還是免不了要說一說別人的是非。然而經常說別人是非給對方聽的人，有一天連對方都會成了他批評的對象，因此慢慢地，大家都會對他敬而遠之。

同事們在一起相處的時間久了，就會不可避免地產生不同的意見，進而引發爭執。爭執並不可怕，可怕的是不知道如何處理爭執。

處理得好，能使一切矛盾消解，甚至能讓雙方因此更進一步的溝通。而若處理不好，便會引發更多的問題來。

既然處理爭執的問題如此重要，該如何著手呢？

一、同事哭泣的時候

你應該要表示關切及協助的意願，但不要阻止他哭泣，因為哭泣可能是緩解情緒的好方法。

給他一些時間來恢復平靜，不要急著化解或施予壓力。最後再問他哭泣的原因，如果他拒絕回答，也不必強求；若他說出不滿或委屈，只要傾聽、表示同情即可，千萬不要貿然下斷語或憑自己喜惡提供解決的方法。

二、同事憤怒的時候

當同事憤怒的時候，你千萬不能以同樣的情緒對待，那會使爭執進一步激化。對自己的意見除了要堅持外，還可以向對方表示你希望雙方能冷靜地分析問題並解決問題。

待對方冷靜下來之後，你就可以詢問他生氣的原因所在，詢問時一定要顧慮到對方的情緒，不要說些與此無關的廢話。總之，一切都要建立在「諒解」和「寬容」的基礎上。

三、同事冷漠的時候

這時你不要有任何臆測，你可以不經意似地問他：「怎麼了？」如果他不理會，不妨以友善態度表示你想協助他。

如果他因感情或疾病等私人問題影響到工作情緒，可以建議他找人談談或先休假放鬆一下。

四、同事不合作的時候

切勿一味地指責對方或表示不滿，最好找個時間兩人好好談談。因為這個時候，更需要的是「體貼的開場白」，若對方因工作繁多、無法配合，則可再安排時間或找他人幫忙；但若是純粹地不合作，則更需要多花時間溝通，尋求問題的癥結及解決辦法。

謹記：要充分利用開場白這一潤滑劑，說不定還能因充分的溝通而化敵為友呢！

裝聾作啞，迴避攻擊

在人與人的交往中，為了利益、為了生存，不妨運用「秀才遇到兵，有理說不清」的耍賴策略。

故意使用對方所無法理解的語言，同時也故意裝做聽不懂對方的語言，讓對方在與你溝通時產生挫敗感，並激發他的火氣。他若發火，則你已立於不敗之地，因為「發脾氣」給人的感覺總是理虧；但如果他不發作而隱忍，也必定會攪亂他的思維，不知不覺地已處於劣勢。故意裝傻充愣、誤解他的意思、扭曲他的意思；他說他的陽關道，你說你的獨木橋，這樣來往幾回合，他會認為你不可理喻，放棄與你爭辯。

某公司有一個女孩子，平日只是默默工作並不多話，也很少和人聊天，但她總是面帶微笑。

有一年，公司裡新進了一個好鬥的女孩子，很多同事在她主動發起攻擊之下，不是辭職就是請調。最後，她的攻擊矛頭終於指向了這個女孩。

某日，這位好鬥的女孩子抓到了那位一貫沉默的女孩子的把柄，立刻點燃戰火，劈哩叭啦一陣，誰知那位女孩只是默默笑著，一句話也沒說，只偶然問一句「什麼？」回應。

最後，好鬥的那個女孩主動鳴金收兵，但她也已氣得滿臉通紅，一句話也說不出來。過了半年，這位好鬥的女孩子也自請他調。

你一定會說，那個沉默的女孩子的「修養」實在太好了，其實事實不是這樣，而是那位女孩子聽力不大好，理解別人的話不至有困難，但反應總是要慢半拍，而當她仔細聆聽對方的話語並思索話語的意思時，臉上又會出現「無辜」和「茫然」的表情。你對她發作那麼久、那麼賣力，她回以的卻是這種表情和「啊」的不解的聲音，難怪對方要鬥不下去，只好鳴金收兵了。

這個故事說明了一件事：裝聾作啞的力量是巨大的，面對「沉默」，所有的語言力量都消失了！

只要有人的地方，就會有鬥爭。這不是新鮮事，在人性叢林裡本來就弱肉強食，會和平相處才是怪事，因此你要有面對不懷善意的力量的心理準備；你可以不去攻擊對方，但保護自己的「防護網」一定要有，聰明人的舉動是：不如裝聾作啞！

聾啞之人是不會和人起爭鬥的，因為他聽不到、說不出，別人也不會找這種人鬥，因為鬥了也是白鬥。

不過大部分人都不聾又不啞，一聽到不順耳的話就會回嘴，其實一回嘴就中了對方的計；只要不回嘴，對方自然就覺得無趣了；如果對方還是一再挑釁，只會凸顯他的好鬥與無理取鬧罷了，因此面對你的沉默，這種人多半會在幾句話之後就倉惶地「且罵且退」，離開現場，如果你還裝出一副聽不懂的模樣，並且連連發出「什麼？」的話語，那麼更能讓對方挫敗。

不過，要「作啞」不難，要「裝聾」才是不易，因此也要培養對他人言語「入耳而不入心」的功夫，否則心中一起波瀾，要不起來回他個一、兩句話是很難的。

學習裝聾作啞，除了可以「不戰而勝」之外，也可避免自己成為別人的攻擊標的，而習慣裝聾作啞，也可避免自己去找人麻煩，有時還可以變不利為有利。

在人際交往中，有許多場合都可以使用「裝聾作啞」的辦法，躲開別人說話的尖銳攻擊，然後避實就虛、猛然出擊。其技巧關鍵在於躲閃避讓的機智，雖是「裝」的，正如實施「苦肉計」一樣，卻一定要表演得自然。「裝作不知道」，就是指對別人的話裝作沒有聽到或沒有聽清楚，以便避實就虛、猛然出擊的方式。

說辯的鋒芒主要不在於傳遞何種資訊，而是透過打擊、轉移對方的說辯興致使之無法繼續設置窘迫局面，化干戈為玉帛，能夠寓辯於無形，不戰而屈人之兵。

在人際交往中，這種方式的使用場合很多。

一、用於挽回「說錯話」所造成的尷尬局面

所謂「馬有失蹄，人有失言」，偶爾說錯話在語言交際中難免發生，但說錯話往往是許多衝突發生和擴大的根源。因此，挽回說錯的話，在語言交際中是很有必要的。

實習期間，一位實習生在黑板上剛寫了幾個字，學生中突然有人喊道：「老師的字比我們李老師的字還好看！」

真是語驚四座，稚嫩的學生哪能想到：此時後座的班主任李老師是怎樣的尷尬！對這位實習生來說，初上崗位，就碰到這般讓人難堪的場面，的確讓人頭疼，以後怎樣和這位班主任共度實習的這段時間呢？此時實習生再轉過身來謙虛幾句，行嗎？不行！反而事此地無銀三百兩。

這位實習生靈機一動，裝作沒有聽到，繼續寫了幾個字，頭也不回地說：「不安安靜靜地看課文，是誰在下面大聲喧嘩！」

此語一出，使後座的李老師緊張尷尬的神情，頓時輕鬆多了，尷尬局面也隨之消除。

這裡就是巧妙的運用裝作不知道，只要能「避實就虛」，即避開「稱讚」這一實體，裝作沒有聽清楚，而攻擊「喧鬧」這一虛像，既可以巧妙地告訴那位班主任「我」根本沒有聽到；又打擊了那位學生的稱讚興致，避免了他誤認為老師沒有聽見的可能，再稱讚幾句進而再次造成尷尬局面。

二、處理並制止別人的中傷、調侃

朋友之間雖然很要好，有時也會因玩笑開過頭，而大動肝火，傷了和氣。對於這種情況，不妨巧妙地運用「裝作不知道」，給他一個丈二金剛摸不著頭腦的表情。

三、制止對方挖苦、諷刺

挖苦、諷刺，都是一種用尖酸刻薄的語言，辛辣有力地去貶損、揶揄對方的行為，極易激怒對方。為避免大動肝火，兩敗俱傷，也可巧妙地運用裝作沒聽明白的方式見機而行。

你的裝聾作啞反而可以藉此展現你不以為意的大氣度。

四、補救說話中的錯漏、失誤

進行即興演講，有時會出現這樣的情況：演講者自己也不知為什麼，竟說出一句不對的話，而且自己馬上就意識到了。怎麼辦呢？倘若遇上這種失誤，演講者不妨裝作不知道，然後採用調整語意、改換語氣等續接方式予以補救。只要反應敏捷，應變及時，就可以收到不露痕跡的糾正錯誤的效果。

一位公司經理在開業慶典上發表即興演講，他這樣強調紀律的重要性：

「公司是統一的整體，它有嚴格的規章制度，這是鐵的紀律，每一個員工都必須遵守。上班遲到、早退、閒聊、辦事推諉、消極、懈怠，都是違反紀律的行為。我們允許這些現象的存在——就等於允許有人拆公司的台，我們能夠這樣做嗎？」

這位經理的反應力和應變力是很強的。當他意識到自己把本來想說的「我們絕不允許這些現象的存在」一句話中「絕不」二字漏掉之後，佯作不知，馬上循著語言表達的邏輯思路，續補了一句揭示其後果的話，同時用一個反問句結束，增強了演講的啟發性和警示力。這樣的續接補救，真可謂順理成章，天衣無縫。

別隨意說話開空頭支票

「說話開空頭支票」已成為許多人的習慣，別讓這張永遠無法兌現的支票，使你的信用破產。

「說話空頭支票」是一個人信用的最大殺手，一旦開出這張「空頭支票」而不能兌現，必然使自己的信譽度降低，成為人人眼中不守信、食言而肥的人，因此「空頭支票」還是少開為佳。

在交際場上，說出去的話就像潑出去的水一樣，無法收回，比如做生意的時候，你信誓旦旦地承諾：

「不管怎麼樣，這次價格讓你便宜兩成！」

「無論什麼時候，都免費進行維修！」

「這個和那個就免費送給你了！」

一個人在期望對方買的心情支配下，很容易會無意中說出多餘的事來，而讓對方抓住意外的承諾。在說出沒有商量餘地的話之前，一定要在腦子裡多加盤算，必須明確說明：在某種範圍內自己要承擔一定的責任。

處理糾紛時更必須注意不要做口頭上的許諾，千萬不要為了安慰對方而說出對自己、對自己公司不利的事，如果對糾紛內容沒有十分的把握，就不要依對方所說的去辦：

「我方將很快做出處理，請原諒！」

「那件事，我會負責的。」

「這件事我知道怎麼處理！」

「不用擔心，沒有問題的。」

在弄清事情的前因後果，判明自己的確有責任以後再說也不遲，雖然有必要傾聽對方的發言，但是並不意味著就可以輕率地承諾，否則很容易被抓住這樣的把柄：

「那時你曾說過責任由你承擔的！」

「你向我們承諾過！」

「你不是說一切都沒問題嗎？」

不要在雙方產生糾紛的當場許下諾言，而應該採用以下的話來平息彼此的糾紛：

「我們一定會努力查明問題的真相！」

「等我和上司商量後，我們將酌情做出妥善處理！」

「這件事還是先讓我考慮考慮吧。」

「我會試著去做，但我現在還暫時無法給你承諾！」

「請先讓我們內部協調解決的辦法。」

有時語言表達容易含糊不清，所以一旦找到對方能理解的妥協點，就要清楚說明哪些可做，哪些不能做，而認真地予以解決。如果有可能的話，最好將其付諸書面形式。處理糾紛也是一種商業交涉，最後一定要弄得一清二楚。

如果你總是對朋友開出無法兌現的「空頭支票」，這個「行」那個「沒問題」而不付諸實際行動，你將失去別人對你原有的信賴，你與對方的關係就難以維持下去了。

跟上司說話別挑戰權威

欲說服主管，就必須對自己的觀點進行最充分的論證，使其能經得起考驗和質問。

與人交往，老人有老人的習慣，孩子有孩子的性格，而上司作為一個特定的群體主管，有些說話的忌諱也是規律性的，我們把它總結出來，平常與上司打交道時多留心，儘量把話說圓，而不要哪壺不開提哪壺。

一、不要說看不起上司的話

一個人能夠成為管理階層，自然有他過人之處（以裙帶關係升級的人則另當別論）。因此作為部屬，應該學習欣賞你的上司的優點，不應養成看不起上司的習慣。

「你當年如沒有我幫助，哪會有今天？」

「你若非夫憑妻貴，能升遷得這麼快嗎？」

「你一生就是好運！」

這些不切實際的想法，不單對你的工作沒有絲毫幫助，還會阻礙自己向上的拚勁。因為不論主管是靠什麼人升遷，或全靠運氣，好歹他的身分也是你的上司。

在背後常常說上司不是的人，不會受到別人的尊敬。如果偶然為之，別人也當是訴苦，如常常這樣，別人便會覺得你只會看不起別人而自己又不努力，因為你可以讓一個樣樣不如你的人作了你的上司，你的能力也好不到哪裡去。

撇開人格不談，單就公事而論，上司必有部屬學習的地方。例如他沉著、遇事冷靜、富冒險精神或公私分明等，總會有你不足之處，問題是你能否放下對抗之心去欣賞別人而已。在上司身上找尋一些能令你欣賞的地方並表達出來，不只可把許多怨氣消除，也容易容忍和接納他。更重要的，是可以學到自己沒有的長處。如你能欣賞你的上司，他自會在日常的交往中察覺得到，就正如他能在言談中知道你對他不敬一樣。

沒有上司會拒絕別人尊敬的，能夠被人欣賞絕對是快樂的事。

二、別直言是非

有位朋友最近很不開心，因為他在開會的時候指出了上司的錯誤，事後被召去痛斥一頓。他覺得自己是對公司關心，才會指出上司錯誤，不料反被指責，因此不快。這位朋友的出發點無疑是好的，但他卻不懂選擇場合，也太欠缺批評的技巧了。任何人也不想當眾被指出錯誤，更何況是你的上司？在開會時眾目睽睽之下，你竟然把他的錯誤抖出來，叫他的面子哪處放？況且你是他的部屬，豈不是說他不如你？也難怪他生氣要對你發洩。

即使只有你與上司兩人，你也不宜直接指出他的錯誤，特別是上司的自尊心最重要，你要指出其錯誤時，須懂得避重就輕，要婉轉但能清楚地傳達意思。舉個簡單的例子，假如上司寫的英文信中有某個字用錯了，把整個意思都歪曲，做祕書的可以婉轉地問上司，表示自己不明白這個字的解釋，請他指點，待他說明以後，可以問他那個字是否與另一個（正確的用字）相同，此時上司應心領神會，可能會說用你建議的字也可以，那時你便可將之更改。

只要部屬能時常記住自己的身分，便不難避免直說其非的錯誤。

三、說你應該說的話

與上司打交道時，必須時刻小心才是。當上司問你任何一個問題時，在你的腦海都要很快閃過一這類念頭：他提問的真正「目的」何在？然後針對他的「目的」，具體地回答；而並非問什麼都如實地回答。

我們說上司面前不要直言不諱，而是說你應該說的話，或許有人會老大不高興地說，這樣是否人品有問題？為什麼不說真話？

在這裡要強調的是，所謂的不要直言不諱，也並不是讓你滿口胡說八道。人家問你是交通大學畢業的嗎，你卻答成了台灣大學，這當然是不可以的。

但是接下來，當對方問你：「當初為什麼先去當兵？」此時你就不要傻里傻氣地回答：「因為考不上大學，只好去當兵。當兵回來有加分，所以考取了。」

其實你無須自揭瘡疤的，這種查無實據的問題是可以美化的，自然可以稍微修飾美化一番。你可以回答：「當時生了一場重病，因此擔誤了考試。而當兵的役期到了，病也好了，只得去當兵。」

與上司聊天（尤其是閒聊時），往往在上司的隨意面前放鬆警惕而口不擇言，說出一些本來不該說、平常不敢說的話，其結果會很快反應在上司對你的認識和任用上。

四、不可貿然向上司進言

中國古代法家代表人物韓非認為，部屬不能隨便向上司進言。他的論斷雖有些偏激，但反映了進言宜慎重這個真理。韓非列舉了進言者的十種危險，不妨參考一下：

㈠君主祕密策劃的事，不知情者貿然進言就會有危險。

㈡君主表裡不一的事，誰把這個情況說破，誰就會有危險。

㈢在進言被採納的情況下，如果進言的內容被他人得到了，進言的人就要受到洩密的懷疑。

㈣為官的經歷還不深，還沒得到君主信任時，如果把自己的才能全顯露出來，那麼，即使謀劃成功，也不會受賞；如果謀劃失敗，反而受懷疑。

㈤揭露君主的過失，用道德理論加以指責，那是危險的。

㈥君主用他人的意見獲得成功，並把這個成功歸於自己，知道這個祕密的人會有危險。

㈦強制君主從事自己能力以上的事，這樣的事會讓君主難堪，這個進言者會有危險。

㈧如果君主談論人的品格，又別有所指，接著再談論平庸的人，並有煽動之意，幕僚們就要有所警惕。

㈨讚揚君主寵愛的人，如果你想接近他，就會受到懷疑；指責君主厭惡的人，如果是試探，你也會受到懷疑。

㈩在向君主進言時，只說大話，毫無針對性，當仔細討論時，就會讓人反感；如果發言過於小心，就會被認為是愚笨；如果高談闊論自己的計劃，就會被斥為信口開河。

五、不要和上司稱兄道弟

我們不一定要把組織弄得像軍隊一般的嚴謹，但對於上司和部屬的關係也應劃分清楚；不可有搪塞馬虎、得過且過的想法。

凡事輕率隨便的態度，往往給人無法信賴的感覺。主從關係必須嚴格劃分，不可亂了分寸，權責不明、未經授權而強出頭，對所指派的任務也任意曲解、自作主張，將使整個組織失控。

舉個較為淺顯的例子；行進間如遇上級，必須等長官通過自己再行進；上、下台階時，必須先停止、行注目禮後再隨後前進。

在企業組織中，上下層級之間的關係最容易混淆，常有衝撞冒犯而不自知。年輕氣盛的員工，只為突顯、膨脹自己的角色，往往不知禮貌，動輒直呼長官名字，或者乾脆稱兄道弟，這些沒大沒小的幼稚行徑，都是辦公室裡的忌諱。

上級有事召見時，更切忌推三阻四、耍大牌，給人成不了大事的印象。尤其不可打斷他人的談話，有意見時須待他人發言告一段落再表達自己的意見。

交談對象若為上級主管，不可省略對他的職稱，必須冠以「某某科長」、「某某主任」等尊謂。

六、準備不充分前，不可隨便提建議

韓非子曾在他的書中提出了臣屬向君主貿然進言的十種危險情形，其大意便是告誡人們，對上級進言一定要小心謹慎，周密準備，而不應採取某種輕率的態度，行倉促之舉。否則的話，不但事情可能會有所不成，還會給進諫者本人帶來禍端。

當我們向自己的主管準備提出建議時，一定要慎重。要有備而來，力求達到「言而有功，勞而有成」的效果。

部屬在向主管進言前，一定要進行深思熟慮的準備，使自己的建議能經得住各種問題的考驗，你不妨按下面這些方法試著做做看：

㈠搜集必要的、準確而有力的數字和事實來論證自己的建議。由於數字和事實具有客觀性，也就更能說服人，這會使你顯得具備相當的科學頭腦並對現實有著較為充分的瞭解。

㈡試著去批駁與你的建議相反的那些論點。如果你能夠做到將其駁倒，那就等於說你已在反面論證了自己的觀點。

㈢要充分考慮到各種反對意見。既要吸收其合理性以彌補自己建議的不足，又要指明其不合理性作為批駁的重點。

㈣想一想，主管可能會提出什麼樣的問題來，並對這些問題的回答有一事先的準備。

㈤不妨對未來作一預期，展示你的建議的光明前景，並對各種可能性做出估計，這樣一來，不僅可增強主管對方案的信心，也會使你顯的具有某種長遠目光，引起主管對你的重視。

事實上，方案論證縝密還會提高主管對你本人的評價和印象。那些考慮欠成熟的部屬多半會被主管認為，想法幼稚、做事粗心、目光短淺或者考慮不周等等，而且這些印象可能會具有「首因效果」（即第一印象影響以後對你的看法）和「光暈效應」（即你的優點或缺點一旦被認識，會在以後的看法中被不斷放大甚至掩蓋你的其他優缺點）。而考慮成熟的方案則會使主管對你產生某種好感，顯示你良好的思維能力和縝密細緻的辦事作風，這無疑會成為你今後靠近主管的一項資本。

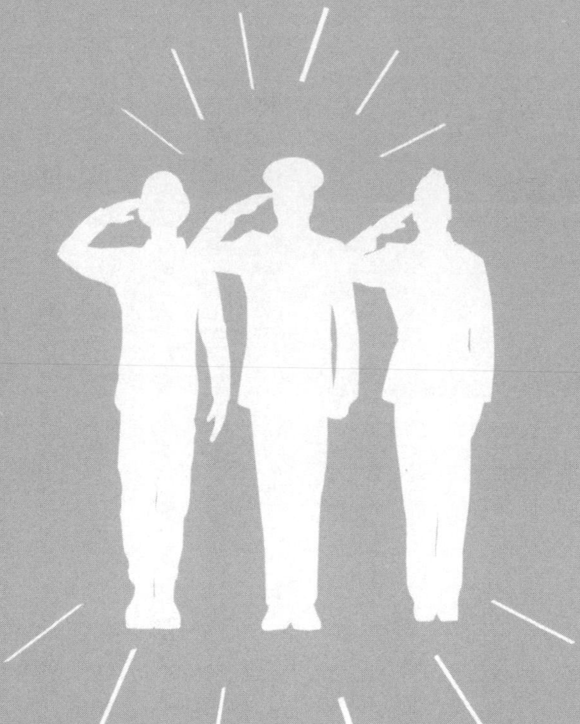

4

有效的讚揚與批評

稱讚與批評是我們說話的兩個極端不同的方式，想當然也會產生兩種極端的效果；被稱讚者飄飄欲仙，忘乎所以；而被批評者則是垂頭喪氣。

實際上這二者都背離了稱讚與批評的初衷：鼓勵更好的行為及希望改正原有的錯誤。惟有運用說話的藝術，才能在兩者不同的說話方式中，找到最佳的表達方式。

善用讚美改變人際關係

讚美是一種交際手段，不但可以讓對方飄飄欲仙，還可以減少你樹敵的機會。

在現實生活中，讚美與恭維不僅是一門學問，更是一種藝術。馬克・吐溫曾經說過：「一句精采稱讚人的言辭，可以代替我十天的口糧。」

讚美、恭維，其實都是一種智慧、一種策略，是人際關係至高無上的「潤滑劑」，而且這種美麗的言詞又是免費供應；如此「於人有利、於己無損」的事，又何樂而不為呢！

讚美和恭維是一種博取好感和維繫好感最有效的方法。

美國前總統威爾遜在競選民主黨總統候選人的時候，也應用讚美他人和巧於恭維的這種方法：有人發布威爾遜多年以前所寫的一封信，在那封信裡他表示要將某議員打得一塌糊塗。

在信件發布不久以後，在華盛頓的某一場宴會中，那位議員也在座，不過威爾遜在他的演說辭裡，對那位議員的品格和他所以博得名譽的緣由讚譽倍至。過了不久，威爾遜又和該議員碰面了，那位議員與原來判若二人，對威爾遜十分熱情客氣，並在後來的總統競選中，支持威爾遜的參選。

人總是喜歡別人奉承的，「讚美他人」、「巧於恭維」是博得他人好感、獲得他人稱讚的一把金鑰匙。把讚揚送給別人，就像把食物施予饑餓的乞丐一般，在許多時候，「讚美」就像維生素，是一種最有效果的食物。有時，即使明知對方講的是奉承話，心中還是免不了會沾沾自喜，這就是人性的弱點。換句話說，一個人受到別人的誇讚，絕不會覺得厭惡，除非對方說得太離譜，太誇張了。讚美，這既是一種至高的說話技巧，也是增進人們之間情感的重要橋梁。

讚美也可以有創意

讚美不應該淪為陳腔濫調，仔細觀察你周遭的人，對方不為人知的一點小動作，就是你讚美的最佳材料。

陳腔濫調或者不著邊際的讚美只會讓人打從心底對你生厭，讚美的直接目的是讓被讚美的一方高興，如果你不低估對方的智力，讚美的話也得有新意及創意才成。

有一本書中提到，一位將軍聽到別人稱讚他好看的鬍鬚便大為高興，但對於有關他作戰方式的讚譽卻不放在心上，這種心理是每個人都有的。

大概不少人讚美過這位將軍的英勇善戰及富於謀略的軍事才幹，但是他作為一個軍人，不論在軍事方面如何讚美他，也只是同一支曲子，不會使他產生自豪感。然而，如果你對他軍事才能以外的特色加以讚賞，等於在稱讚詞中增加了新的創意，他便會感到無比的滿足。可見在恭維他人時，用新鮮的詞意來表達是多麼的重要。

大學問家錢鍾書先生的稱讚也像他的《圍城》一樣充滿智慧的創意，給人新鮮而不同的感覺。有一年冬天他訪問日本，在早稻田大學文學教授座談會上即席作了《詩可以怨》的演講。

開場白是：「到日本來講學，是一個很大膽的舉動，就算一個中國學者來講他的本國學問，他雖然不必通身是膽，也得有鬥犬的膽量。理由很明白簡單，日本對中國文化各方面的卓越研究，是世界公認的。我是日語的文盲，面對著貴國漢學或支那學的豐富寶庫，就像一個既不懂號碼鎖又沒有開鎖工具的窮光蛋，瞧著大保險箱，只好眼睜睜地發愣。」

錢鍾書後段講自己「不通曉日語」，除了有勇氣之外，沒什麼資本。殊不知，錢先生正是這種有意識的自嘲式的讚揚，使在座的所有日本聽眾既感動又受用。

要讚美而不要誤解

隨隨便便用不夠嚴謹的讚美詞，只會讓人覺得你的讚美不夠誠意，那麼一來，「讚美」反而成為一種「敷衍」。

與人對談時，最忌諱突然沒頭沒腦地就大放厥詞。你對對方的讚賞應該與你們眼下所談的話題有所聯繫。請留意你可以在何時、何事開始稱讚對方，是對方提及的一個話題，他講述的一個經歷，也或許是他列舉的某個東西，或是他向你解釋的一種結果，都可以用來作為稱讚的開場白。

有某位年輕人，晚上在飯店碰到一位認識的女士，她正和一位女伴在用餐，兩人剛聽完歌劇，衣著當然是穿戴漂亮、正式。這位年輕人不自覺地眼前一亮，很想恭維一下對方：「噢，康斯坦澤，今晚妳看上去真漂亮，很像個女人。」

女子難免生氣；「那麼我平常看上去什麼樣呢？像個清潔工嗎？」

似乎年輕人善意的讚美被打了折扣，聽在女子的耳裡，卻像是嘲諷自己平常不像個女人。

在一次管理層會議上，一位報告者登台報告。會議主持人向略顯吃驚的與會者介紹：「這位就是劉女士，這幾年來她的銷售培訓工作做得非常出色，『也算小有名氣』。」

這末尾的一句話顯然過於畫蛇添足地讓人不太舒服，什麼叫「也算小有名氣」呢？這些稱讚的話會由於用詞不當，讓對方聽來不像讚美，倒更像是貶低或侮辱。結果自然是事與願違，不歡而散。

在表揚或稱讚他人時也請謹慎小心。請注意你的言語措辭，尤其要注意以下幾項基本原則：

一、列舉對方身上的優點或成績時，不要舉出讓聽者覺得無足輕重的內容，比如向客戶介紹自己的銷售員時說他「很和氣」或「紀律觀念強」之類和推銷工作無甚關係的事。

二、你的讚揚不可隱含對對方缺點的影射。例如一句口無遮攔的話：「太好了，在一次次半途而廢、錯誤和失敗之後，您終於大獲成功了一回！」

三、不能以你曾經不相信對方能取得今日的成績為由來稱讚他。比如：「我從來沒想到你能做成這件事」或是「能取得這樣的成績，你恐怕自己都沒想到吧。」另外，你的稱讚詞不能是對待小孩或晚輩的口吻，比如：「小夥子，你做得很不錯啊，這可是個了不起的成績，就這樣好好表現！」

讚美就像空氣清淨劑，可以振奮對方的精神，美化你身邊的氣氛，但也必須清楚，再好的清淨劑也有人會過敏以至反感，更何況人與人之間的關係如此複雜，如果不首先通達人情，不依據所稱讚人的心情及當時情境的具體情況而亂稱讚一通，恐怕真的會將馬屁拍到馬腿上。

恭維也可以暗藏批評

說話也可以是一種兩手策略：一方面聽起來像是讚美的話，其實可以是笑裡藏刀般具殺傷力。

如果提出批評的人先謙虛地承認自己也不是十全十美、無可指責的，然後再指出別人的錯誤，或者在批評之後再指出他的優點，這樣就比較容易被人接受了。

圓滑的布諾親王早在一九〇〇年就已深切地感受到利用這種「恭維式批評」方法的重要性。

當時德皇威廉二世在位時，目空一切、高傲自大。他創建陸、海軍，欲與全世界為敵。而德皇說了一些令人難以置信的話，震撼了整個歐洲，甚至影響到世界各地。最糟的是，德皇把這些可笑、自傲、荒謬的言論，在他到英國作客時，當著數以百萬的群眾面前發表出來。

他還允許《每日電訊》照原意在報上公開發表。例如，他說他是惟一一個對英國感覺友善的德國人；他正在建造海軍來對付日本的危害。

德皇威廉二世還表示，憑藉他個人的力量，就可以使英國不屈辱於法、俄兩國的威脅之下。他還說，由於他的計劃，英國諾伯特爵士在南非才能戰勝荷蘭人。在這一百年來的和平時期，歐洲沒有一位國王，會說出這樣驚人的話來。

從那時起，歐洲各國頓時譁然、騷動。英國人非常憤怒，而德國的那些政客們，更是為之震驚。在這陣驚慌中，德皇也漸漸感到了事態的嚴重，可是，說過的話又怎麼能夠輕易地挽回？為了解脫自己的困境，他只能慌慌張張地找個官員代他受過，並主動對外宣稱那一切都是那個官員的責任，是他建議德皇說出那些話來的。

可是，布諾親王卻認為，「德國人或英國人是不會相信這是其他官員的主意。」布諾親王說出這話後，馬上發覺自己犯了一個嚴重的錯誤。果然他的反駁激起了德皇的憤怒。德皇大為惱火，他認為布諾親王在辱罵他，說自己連他都不如。

布諾親王原本知道自己應該先稱讚德皇的做法，然後才指出他的錯誤，可是為時已晚了。他只有做第二步的努力：布諾親王緊接著開始誇獎德皇，說他知識淵博，遠比自己聰明。

德皇臉上才慢慢地露出笑容來，因為布諾親王稱讚了他，並貶低了自己。經布諾親王再加以解釋後，德皇才寬恕了他的無禮。

布諾親王用幾句稱讚對方的話，就把盛怒中傲慢的德皇，變成了一個非常熱誠的人。

指責別人之前或之後，再「承認自己無知、少知」的行為，是智者的明智之舉，既可讓人看出其修養深度，又可令人容易接受；反之，若自信過於強烈、用咄咄逼人的態度，便會造成蠻橫無理的印象。

暗示批評的效果更好

直接批評的話，也許能切中要害，卻讓人產生反感、抗拒的心態。當面指責別人，這會造成對方頑強的反抗；而巧妙地暗示對方注意自己的錯誤，對方會真心誠意地改正自己的錯誤。

華納梅克每天都會到費城他自己的商店去巡視一遍。

有一次華納梅克看見一名顧客站在櫃檯前等待，沒有一個店員對她稍加注意。那些售貨員在櫃檯遠處的另一頭擠成一堆，彼此又說又笑，完全無視於顧客的存在。

華納梅克不說一句話，他默默站到櫃檯後面，親自招呼那位女顧客，然後把貨品交給售貨員包裝，接著他就走開了。這件事讓售貨員對自身所從事服務業表現出的態度感觸頗深，之後他們及時改正了服務態度。

現在的許多政府官員們常被批評不知民間疾苦。他們可能大多數時間都非常忙碌，但有時候，其實是這些官員的助理們過度保護他的主管——為了不使主管見太多的訪客，造成主管太大的負擔而自作主張的結果。

卡爾·蘭福特，在迪士尼樂園的所在地——佛羅里達州奧蘭多布，當了許多年的市長。他時常告誡他的部屬，要讓民眾有市政建議或批評時都願意來見他，他宣稱施行「開門政策」。

不過每當他所在社區的民眾來拜訪他時，都會被他的祕書和行政官員擋在門外。這位市長知道這件事後，為了解決部屬擅自阻擋市民接見的行為，他把自己辦公室的大門給拆了。

這位市長真正做到了「行政公開」的典範。

想要不惹火別人，只要換一種方式：「改變自己」，就會產生截然不同的結果。確實那些直接式的批評會令人非常憤怒，間接地讓他們去面對自己的錯誤，就會有非常神奇的效果。

瑪姬．傑格提到她如何使得一群懶惰的建築工人，在幫她蓋房子之後主動清理乾淨現場的手段。

最初幾天，當傑格太太下班回家之後，發現滿院子都是鋸木屑子。她不想去跟工人們抗議，因為他們的工程做得真的很好，實在毋須在這些小事上苛責他們，所以等工人都下班離開了之後，她跟孩子們就把這些碎木塊撿起來，並整整齊齊地堆放在屋角。

次日早晨，她對領班說：「我很高興昨天晚上草地上這麼乾淨，又沒有冒犯到鄰居，真是謝謝您體貼、主動地幫我要求工人們做好。」

從那天起，工人每天都把木屑撿起來堆好放在一邊，領班也每天都來看看草地的狀況。

在後備軍和正規軍訓練人員之間，最大不同的地方就是「頭髮」，後備軍人認為他們是老百姓，因此非常痛恨得把頭髮剪短。

哈雷．凱塞是陸軍分校的士官長，當他帶領了一批後備軍官時，他要求自己要能解決這個頭髮的問題，跟以前正規軍的士官長一樣，他可以向他的部隊士兵們吼幾聲或威脅他們服從，但他不想直接說出他希望他們服從的話。

他說：「各位先生們，你們都是領導者。你必須為尊重你的人民做個榜樣。你們該瞭解軍隊對頭髮的規定。我現在也要去理髮，而它卻比某些人的頭髮要短得多了。你們可以對著鏡子看看，你要做個榜樣的話，是不是需要理髮了？我們會幫各位安排時間到營區理髮部理髮。」

結果是可以預料的，有幾個人自願到鏡子前看了看，然後下午就到理髮部去按規定理髮。

隔天清晨，凱塞士官長早訓時說，他已經看到，在隊伍中有些人已具備了領導者的氣質。再過二天之後，全營區的後備軍官百分之九十都已經理了標準的頭髮了。

縱使你是「言不由衷」，只要能夠達到目的，拐彎抹角說話又如何？

「暗示的批評」雖然較費心機，又得擔心對方不懂自己背後的真意，但是一旦達成目的，效果也是最能盡如人意的。

用讚美的言語當批評

要想對方欣然接受你的批評，就將批評裹上一層糖衣，偽裝成讚美吧！

不管你的說法多有道理、多正確，很少有人可以坦然接受批評的。所以批評的話常會產生一些負效應。但是，有些人能夠很恰當地把握批評的方法及尺度，使批評達到春風化雨、良藥甜口也治病的效果。

美國南北戰爭時期，部屬向林肯總統打聽敵人的兵力數量，林肯不假思索便答：「一百二十萬至一百六十萬之間。」

部屬又問其依據何在，林肯說：「敵人多於我們三、四倍。我軍四十萬，敵人不就是一百二十萬至一百六十萬嗎？」

為了對軍官誇大敵情、開脫責任提出批評，林肯巧妙地開了個玩笑，借調侃之語嘲笑了謊報軍情的軍官。這種批評顯然比直言不諱的斥責要好多了。

許多時候，批評的效果往往並不在於言語的內容，而在於形式的巧妙安排，正如一片藥錠加上一層糖衣，不但可以減輕吃藥者的痛苦，而且讓人很願意接受。批評也一樣，如果我們能在必要的時候給為其加上一層「外衣」，也同樣可以達到「良藥甜口也治病」的目的。

有一天中午，查理·夏布偶然走進他的一家鋼鐵廠，撞見幾個工人正在抽菸，而在那些工人頭頂的牆面上，正懸著一面「禁止抽菸」的告示牌。夏布沒有直接批評工人的抽菸行為，而是走到那些工人面前，拿出菸盒，給他們每人一支雪茄，然後請他們到外邊去抽個痛快。

那些工人知道自己破壞了公司的規定，可是他們更欽佩夏布先生不但絲毫沒有責備他們，而且還給他們每人一支雪茄當禮物，工人們覺得很高興，但又不好意思，因為自知己違反了公司「禁止抽菸」的規定。

一九八七年三月八日，最善於布道的彼德牧師去世了。下一個星期日，艾鮑德牧師被邀發表感念彼德牧師的悼文。

他盡其所能地，想使這次演講有完美的表現，所以他事前寫了一篇演講稿，準備屆時發表。

他一再修改、潤稿，才把那篇稿子完成，然後先讀給太太試聽。可是這篇講道的演講稿內容並不理想，就像一場普通的演講稿一樣。如果他太太沒有足夠的修養和見解，一定會直接說出「這篇稿子糟透了，實在是不適合發表」的批評，因為它聽起來就像百科全書一樣枯燥無味。

她當然可以向她丈夫做這樣批評！但試想一下，這樣一來，後果又會如何呢？

艾鮑德太太很瞭解「間接批評」的好處，所以她巧妙地暗示丈夫，如果把那篇演講稿拿到北美評論去發表，確實是一篇極好的文章。

也就是說，她雖然讚美丈夫的傑作，同時卻又向丈夫巧妙地進行暗示，他這篇演講稿，並不適合在彼德牧師的葬禮上發表。艾鮑德明白了妻子的暗示，就把他那篇絞盡腦汁所完成的演講稿撕碎。後來，他什麼也沒準備就去演講了。

再次提醒，「永遠避開正面批評的場合」，如果有這個必要的話，我們不妨利用旁敲側擊的方式暗示對方。對人正面的批評，那會毀損了對方的自信，傷害了他的自尊，如果你旁敲側擊，對方知道你用心良苦，他不可以但接受你的批評，而且還會對你行為上的包容及言語的有所保留而感激你。

批評的基本原則

批評時，一定要講究方式、方法，否則難以達到預期效果，反而容易造成人際關係的緊張。

在生活、工作中，批評和獎勵一樣都是不可少的調味料，因為「缺點」人人都有，只有認識到自己的缺點才有可能進步。若是自己無法清楚看到自己的缺點，就得靠別人來幫助自己發覺缺點，這就是「批評」的價值所在。所以，批評是要讓對方認識到批評的目的，才不會使批評的結果適得其反。

想對人提出批評時，一定要講究方法，以「不得罪人」為前提，用輕鬆不嚴肅的口吻提出，不要指著對方的鼻子讓對方下不了台，否則難以達到預期效果。

那麼，採取什麼樣的批評方式才會取得好的效果呢？

一、考慮對方當下的情緒

「取得對方的信任」是使批評達到預期效果的第一步。「心直口快」在某些方面的確可展現出它的優點，但在批評他人時，「心直口快」的人往往不能體諒對方的情緒，圖一時「嘴快」，隨口而出，過後才又想到應該把說過的話收回，此時「覆水難收」，被批評者的心理上已蒙上了一層陰影，也失去了對批評者的信任。

所以當你在批評他人時，不妨學會從對方的角度來看問題，設身處地地站在對方的立場考慮一下，假想若是發生在自己身上，自己是否能接受得了這種批評？如果所批評的話自己聽來都有些生硬、有些憤憤不平，那麼就該檢討一下措辭方面有何要修改之處。

另外，也要考慮提出批評時的場合是否恰當。不注意場合的批評，隨意放炮，會讓人產生「你故意找碴」的錯覺，這是任何有雅量的人都無法接受的批評方式。

二、誠懇而友好的態度

「批評」是一個敏感的語言表達方式，哪怕是輕微地提出批評，對方都不會像聽到「讚揚」那樣讓人感到欣然接受，對方反而會在被批評時，用挑剔或敵對的態度來反駁批評者。如果批評者態度不誠懇或居高臨下，甚至語氣冷峻生硬，反而會引發矛盾情緒，使雙方產生對立關係，使批評因為對方不接受而陷入僵局。

所以，批評必須注意態度，誠懇而友好的態度就像一劑潤滑劑，往往能使摩擦減少，讓批評達到預期效果。

三、只針對眼前的問題提出批評

批評並不是回顧過去，也不是批判歷史，更不是批鬥大會，而應該以「如何解決當前的問題」的立場上進行，最重要的是「將來」，而不是「過去」。重視現在，而不是過去。不追究過去，只將「現在」和「將來」納入需要解決的問題，亦即不是責備已成的結果，而是對今後該如何做有所「鼓勵」，這樣的批評法才是比較理想而又得當的批評方式。

四、只談此事，不論及其他不相關的事

如果一次批評的主題過多，不僅使批評的功效相互抵消，而且還可能無法集中重點，同時也容易使受到批評的人意志消沉。

在現實生活中，尤其是面對面交談時很容易出現這種情形，日常的工作場合說

話的機會很少，所以便趁機把過去的一切問題全部提出，因此雙方反而因此而產生對抗的心理。

為了有效的說服，應該儘量避免「希望問題能一次解決」的做法，而是分批進行，先解決當下最重要的事。

五、一對一的批評

提出批評時，莫讓其他不相干的人聽到你的批評，這是因為批評時，若有他人在場，被批評者會有屈辱感，感覺自己不受到尊重，面子掛不住，因此心生反抗，只會找理由辯解，而無心自省，也就無法產生批評效果。因此，不到不得已，尤其不要當眾批評。

六、批評不是情緒的發洩

所謂的「批評時不可加入感情」，意思是說，責備別人時要公事公辦，不要混雜私人的不滿情緒，而是進行冷靜的批評。

批評是人的感情行為，不可能脫離感情，那種如同戴面具的批評是令人生厭和有違自然法則的。因此，如何正確地表現感情就成為批評的重要的一環。換句話說，透過批評表現出自己的感情打動對方的心，才是有成效的批評式說服。

若是要想真正打動對方的心，達到說服的效果，絕不能把自己表現得完美無缺，更不可高高在上地批評對方，這樣只是使批評的一方會獲得自我滿足，但卻毫無半點成效可言。應該將對方的缺點和錯誤看成是自己的，抱著希望對方能發現自己的過失和錯誤並予以糾正的心情，也就是說批評對方也等於批評自己。尤其是作為能左右別人的上司，必須以責己之心來批評部下，否則就收不到真正的批評效果。

「責人如責己」，這一點在你想要批評別人時是千萬不可忘記的。

要給被批評者解釋的機會

縱使你因為對方有錯而提出批評，也要讓對方能夠為自己的行為辯解，你不可扮演操有生殺大權的上帝角色！

人們常犯的一個錯誤，就是習慣把自己的意見強加到別人身上，不管你的地位有多高，與人說話又把人置於等而下之的地位，自然對方不會服你。

要想使批評真正發揮作用，就應先瞭解一下別人是怎麼想的。很多人在努力想讓別人同意他自己的觀點時，常不自覺地把話說得太多了，尤其是推銷員，常犯這種錯誤。要儘量讓對方說話，因為，他對自己事業和他的問題，瞭解得比你多。即使你在批評人的時候，也要向對方提出問題，讓對方講述他自己的看法。

如果你不同意他的看法，你也許會很想打斷他的講話。實際上這時候你更需要耐心地聽著，抱著一種開放的心胸，要做得誠懇，儘量讓對方發表他的看法。

芭貝拉．琳達和女兒洛瑞的關係近來快速惡化，洛瑞過去是一個很乖、很快樂的小孩，但是到了十幾歲的青少年時期，卻變得很不合作、叛逆，有時候甚至於喜歡和母親爭辯。琳達太太曾經為了這個問題教訓過她、恐嚇過她，甚至還嚴厲地處罰過她，但是一切都收不到效果。

有一天，洛瑞不聽她的話，家事還沒有做完就離家去看她的朋友。在洛瑞回來的時候，琳達太太本來想對她大吼一番。但是她已經沒有發脾氣的力氣了。琳達太太只是看著女兒並且傷心地說：「洛瑞，為什麼會這樣？」

洛瑞看出母親低落、無奈的心情，她反而用平靜的語氣問：「媽，妳真的要知道嗎？」琳達太太點點頭，於是洛瑞就告訴母親她自己的想法。開始時洛瑞還有點吞吞吐吐，後來就毫無保留地說出了她為什麼會變得這麼會反抗的原因。

琳達太太從來沒有好好聽過女兒的心裡話，她總是告訴女兒該做這、該做那。過去當女兒要把自己的想法、感覺、看法告訴自己的時候，自己總是不等女兒開口就打斷女兒的話，隨之而來的是給女兒更多的命令。

琳達太太此刻才意識到，女兒需要的不是一個忙碌的母親，而是一個密友，讓她把成長所帶給她的苦悶和混亂發洩出來。過去自己應該聽的時候，卻只是一直不停的講，自己從來都沒有好好坐下來聽她說話。

從那次以後，琳達太太想批評女兒的時候，就總是先讓女兒儘量地說，讓女兒把她心裡的事都告訴自己。她們母女之間的關係大為改善，不需要更多的批評，女兒再度成為一位貼心的女孩。

「使對方多說話」、「試著去瞭解別人」都是從他人的觀點來看待事情的方法，如此一來，就能使你得到更多的友誼，減少摩擦和困難。別人也許完全錯誤，但他並不認為如此。因此，不要責備他。試著去瞭解他。

別人之所以那麼想，一定存在著某種原因，查出那個隱藏的原因，你就等於擁有解答他的行為、個性的鑰匙。

用甜言蜜語收買人心

若是可以用一句話收買人心，你何必大費周章地浪費唇舌呢？別以為說話的力量僅止於此。

「收買人心」的話並不都是虛無飄渺地胡扯瞎扯，有些收買人心的話並不是光嘴巴一開一閉就能說出來的，而是需要寬闊的胸襟和做大事的氣度。所以在某些特定條件下，從某些特殊的人口中說出的收買人心的話，會讓人覺得有千斤之重。

《三國演義》中，劉備摔孩子收買人心便是充分展現甜言蜜語的力量。

趙雲大戰長阪坡，九死一生地救出少主劉禪，當他從懷中把仍在熟睡中的劉禪抱給劉備時，劉備接過來，「擲之於地曰：『為汝這孺子，幾損我一員大將。』」這句話可說擲地有聲，縱使有十個趙雲，就算是全犧牲了也認為其耿耿忠心是值得的。

果然，趙雲泣拜曰：「雲雖肝腦塗地，不能報也。」

劉備這句話說起來容易做起來難，因為他要付出很大的犧牲。作為領導者，身邊沒有一、兩個忠士是不行的，所以領導者都習慣說一些收買人心的話來獲得他人的忠誠。

春秋時期的秦穆公就很擅長「施恩布惠，收買民心」的策略。

有一次，他的一匹千里馬跑掉了，結果被不知情的窮百姓逮住後殺了飽餐一頓。官吏得知後，大驚失色，把吃了馬肉的三百人都抓起來，準備處以極刑，秦穆公聽到稟報後卻說：

「君子不能為了牲畜而害人，算了，不要懲罰他們了，放他們走吧。而且，我聽說過這麼回事，吃過好馬的肉卻不喝點酒，是暴殄天物而不加補償，對身體大有壞處。這樣吧，再賜他們些酒，讓他們走。」

過了些年，晉國大舉入侵，秦穆公率軍抵抗。這時有三百勇士主動請纓，原來正是那群被秦穆公釋放的百姓。這三百人為了報答秦穆公的不殺之恩，奮勇殺敵，不但救了秦穆公，而且還幫助秦穆公捉住了晉惠公，結果大獲全勝而歸。

管理階級也要學會收攬人心，只有籠絡住了下屬的心，才能更好地讓下屬心甘情願地為自己效力。

《宋史》記載，有一天，宋太宗在北陵園與兩個重臣孔守正和王榮一起喝酒，邊喝邊聊，兩臣酩酊大醉，竟在皇帝面前相互比起功勞來，他們越比越來勁，乾脆鬥起嘴來，完全忘了在宋太宗面前應有的君臣禮節。侍衛在旁看著，覺得實在不像話，便奏請宋太宗，要將這兩人抓起來送吏部治罪。宋太宗沒有同意，只是草草撤了酒宴，派人分別把他倆送回了家。

第二天上午兩位臣子都從宿醉中醒來，想起昨晚酒後在皇上面前失禮，惶恐萬分，連忙進宮，一齊跪在金殿上向皇帝請罪。宋太宗看著他們戰戰兢兢的樣子，便微微一笑輕描淡寫地說：「昨晚，朕也喝醉了，記不得有這些事。」

宋太宗托辭說自己也醉了，不但沒有丟失皇帝的體面，而且使這兩位臣子今後也會自知警戒。宋太宗裝糊塗的行為，即表現了他的大氣度，又收買了人心。

平常人說話辦事也應該這樣，因為只有這樣才能充分贏得人心。

有些收買人心的話好像份量並不顯得多麼重，但因為是在特殊人物的嘴裡說出來，儘管輕描淡寫，卻也能收奇效。

大人物也好，小人物也好，這種讓人從心裡感動的「收買人心」的話都應該多說，這樣會給自己創造一個更好的人際關係。

謝謝您購買 說話訓練班：說對話的影響力 這本書！

即日起，詳細填寫本卡各欄，對折免貼郵票寄回，我們每月將抽出一百名回函讀者寄出精美禮物，並享有生日當月購書優惠！

想知道更多更即時的消息，歡迎加入"永續圖書粉絲團"

您也可以利用以下傳真或是掃描圖檔寄回本公司信箱，謝謝。

傳真電話：（02）8647-3660　　信箱：yungjiuh@ms45.hinet.net

☺ 姓名：　□男　□女　□單身　□已婚

☺ 生日：　□非會員　□已是會員

☺ E-Mail：　電話：（　）

☺ 地址：

☺ 學歷：□高中及以下　□專科或大學　□研究所以上　□其他

☺ 職業：□學生　□資訊　□製造　□行銷　□服務　□金融

□傳播　□公教　□軍警　□自由　□家管　□其他

☺ 您購買此書的原因：□書名　□作者　□內容　□封面　□其他

☺ 您購買此書地點：　金額：

☺ 建議改進：□內容　□封面　□版面設計　□其他

您的建議：

廣 告 回 信
基隆郵局登記證
基隆廣字第 57 號

新北市汐止區大同路三段一九四號九樓之一

大拓文化事業有限公司收

請沿此虛線對折免貼郵票，以膠帶黏貼後寄回，謝謝！

說話訓練班：說對話的影響力

- 請至鄰近各大書店洽詢選購。
- 永續圖書網，24小時訂購服務
  www. foreverbooks. com. tw
  免費加入會員，享有優惠折扣
- 郵政劃撥訂購：
  服務專線：(02)8647-3663
  郵政劃撥帳號：18669219